PROCÈS

INTENTÉ PAR M. BASTID,

MAIRE DE SAINT-CERNIN, PARTIE CIVILE,

A MESSIEURS

GUIBERT, DOCTEUR MÉDECIN A SAINT-CERNIN;

et

TRÉLAT, RÉDACTEUR DU PATRIOTE DU PUY-DE-DÔME,

Devant la Cour d'assises de Saint-Flour.

19, 20 et 21 février 1835.

« *Le Patriote* n'outrage que les magistrats intègres.»
(*Journal de la préfecture d'Aurillac.*)

L'acquittement des prévenus laissera une tache ineffaçable
» sur la vie de M. Bastid. Le mot de *concussionnaire*
» restera écrit à jamais sur son front. »
(*Paroles des défenseurs de M. Bastid, repro-
duites dans le résumé de M. le président.*)

Les prévenus ont été acquittés sur les deux faits d'extorsion
et de concussion.

RIOM,

IMPRIMERIE DE THIBAUD FILS.
—
1835.

AVANT-PROPOS.

Tous les procès politiques ont eu une grande importance depuis quelques années; tous ont été, pour l'opinion publique, un puissant moyen de progrès; et, pour ne parler que d'une affaire qui a une grande affinité avec celle dont on va lire la relation, quelle n'a pas été l'utilité du procès des fusils Gisquet, pour répandre dans nos mœurs le mépris et l'horreur qu'inspirent les friponneries administratives !

L'improbité, si honteuse chez les simples citoyens, est exécrable chez les magistrats, qui doivent donner l'exemple de la vertu. Aussi, lorsque ceux de qui on ne devrait attendre que l'enseignement et la pratique du bien, s'oublient au point de se faire précepteurs de corruption, il faut élever la voix bien haut pour faire cesser au plus vite et le mal et son scandale. L'intolérance du vol est une haute vertu. Quand il y aura plus d'austérité dans les mœurs, on verra moins de fripons, et enfin il n'y en aura plus, car le métier deviendra tout à fait mauvais. — Le plus haut point de perfection sociale sera celui où l'utilité, le bien-être privés seront parfaitement d'accord avec les exigences de la conscience la plus rigide, où chacun aura un intérêt réel à être honnête homme. — Cela viendra, cela vient vite; car voyez combien nous avons déjà fait de chemin depuis la morale facile et lâche de la restauration.

Aujourd'hui la toge du juge ou l'écharpe municipale ne sont plus un hochet de vanité; il n'y a plus, de notre temps, ni seigneurs de village ayant la première gerbe, ni maires ayant pouvoir absolu sur leurs administrés. Les fonctionnaires ne reçoivent maintenant le pouvoir que sous la condition de l'exercer au profit de leurs justiciables, et d'en rendre compte.

Il n'est si haut patronage qui puisse résister, à cet égard, aux nécessités de l'opinion et de la morale publiques. Voyez ce qui vient d'arriver à M. Bastid, maire de la commune de Saint-Cernin : le préfet du Cantal le soutenait et l'épaulait de toute sa considération; et la considération de M. le maire et celle de M. le préfet se sont brisées contre la raison et la toute-puissance du jury.

Les concussions de la mairie de Saint-Cernin ont été flétries par un arrêt de cour d'assises. Vainement le ministère public est-il parvenu à faire poser, dans ce procès, une troisième question relative à l'abus du pouvoir, sur laquelle les prévenus n'ont pas eu le même succès que sur les deux autres (1) ; c'était, comme on l'a dit, *une fiche de consolation* qu'on voulait donner à M. Bastid, en lui évitant le payement des frais. C'est l'affaire la moins importante, car le public n'avait rien à y gagner ni rien à y perdre. — C'est dans l'intérêt de sa commune que M. Guibert avait élevé la voix, et son but est atteint.

Par l'arrêt rendu le 21 février 1835, M. Bastid, maire de Saint-Cernin, a été déclaré coupable de concussion et d'extorsion. Il faut espérer que les concussions et les extorsions administratives ne se renouvelleront plus dans cette commune.

Ce procès a une telle gravité sous le rapport des devoirs des maires, que nous ne doutons pas qu'il soit recherché avec empressement. S'il est d'autres mairies en France où s'exercent des iniquités pareilles à celles qui ont flétri l'administration de M. Bastid, qu'elles ouvrent les yeux, et que les fonctionnaires, qui ne reçoivent leur magistrature que pour accomplir honorablement les devoirs qu'elle leur impose, songent bien que désormais aucune négligence, aucune incurie, aucun méfait ne peuvent demeurer ignorés. Ce temps est celui de la publicité : sa lumière frappe le mal comme le bien, et son influence est telle que quelle que soit la puissance matérielle de ses ennemis, ceux qui ont recours à elle sont toujours plus forts que leurs adversaires, et toujours sûrs de les vaincre.

----

(1) L'extorsion et la concussion ont été déclarées constantes ; l'abus de pouvoir n'a pas été reconnu ; comme si l'extorsion et la concussion de la part d'un maire n'étaient pas le plus flagrant de tous les abus de pouvoir.

PROCÈS

Intenté par M. Bastid , maire de St-Cernin ,
partie civile,

A MM. Guibert , docteur médecin à St-Cernin ,
et Trélat , rédacteur du *Patriote* du *Puy-de-
Dôme* , devant la cour d'assises de St-Flour.

19, 20 et 21 février 1835.

> « *Le Patriote* n'outrage que les magistrats
> intègres. »
>
> *(Journal de la Préfecture d'Aurillac).*

> « L'acquittement des prévenus laissera une tache
> » ineffaçable sur la vie de M. Bastid. Le mot
> » de *concussionnaire* restera écrit à jamais sur
> » son front. »
>
> *(Paroles des défenseurs de M. Bastid , reproduites
> dans le résumé de M. le président).*

> Les prévenus ont été acquittés sur les deux faits
> d'extorsion et de concussion.

COUR D'ASSISES DE St-FLOUR.

Accusation de diffamation , portée par M. Bastid , maire de
de St-Cernin , partie civile , contre MM. Guibert , docteur
médecin , et Trélat , rédacteur du *Patriote du Puy-de-Dôme.*

AUDIENCE DU 19 FÉVRIER.

Présidence de M. Chasteau-Dubreuil.

L'affaire de M. Bastid contre MM. Guibert , médecin, et Trélat, rédacteur-gérant du *Patriote du Puy-de-Dôme* , est appelée à midi , après
une autre qui a occupé la matinée. — On fait évacuer la salle et on
procède à la composition du jury.

Le nombre des jurés étant de 30, il y a neuf récusations à opérer de part
et d'autre. — Les prévenus exercent neuf récusations, le parquet quatre,
mais un incident assez remarquable s'élève. Le nom d'un proche parent
de M. Bastid sort de l'urne. Me Delzons en appelle à la pudeur du plai-

1

gnant et du ministère public. Il demande à M. le substitut s'il ne s'empressera pas de récuser le cousin germain de M. Bastid. — M. le substitut dit qu'il s'en gardera bien, que ce serait faire injure au parent de M. Bastid. — Vainement Me Delzons lui fait-il observer que la loi n'admet pas le témoignage des parens, bien qu'on ne puisse conclure de là qu'elle soit outrageante pour eux, le ministère public persiste à laisser compter la récusation pour les prévenus quoiqu'ils n'en aient plus qu'une à exercer. — Il n'est sorti qu'un seul juré du canton de Saint-Gernin. Le ministère public l'a récusé. Le jury est ainsi composé : MM. Avenin, Chaffault, Bouterne, Baduel, Basset, Francon, Robert, Dujourniac, Boussuge, Baduel (François), Bayle, Guillaume Fau.

À la rentrée du public l'affluence est immense, toutes les parties de la salle sont envahies.

On remarque que M. Bastid et son beau-frère, M. Marty, sont placés immédiatement à côté de MM. les jurés, absolument en face du siège réservé aux témoins. Au-dessus d'eux sont les deux avocats de M. Bastid, MM. Dessauret et de Pompignac. Les deux prévenus sont au banc des avocats, vis-à-vis le jury. M. Guibert a pour défenseur Me Delzons, avocat du barreau de Saint-Flour. M. Trélat se défend lui-même.

À l'interrogatoire, M. Guibert, médecin à Saint-Cernin, se reconnaît l'auteur des trois articles insérés dans le Patriote, sur le compte de M. le maire Bastid. Ces articles ont été publiés les 15 novembre, 10 décembre 1834 et 7 janvier 1835.

M. Granet, substitut du procureur du roi, dit que le ministère public remplira son devoir, que son langage sera sévère, mais calme. Tout ce qu'un homme a de plus cher, dit-il, relevé par tout ce qu'il y a de plus grave dans les assemblées communales, et cantonales, a été attaqué dans la personne d'un fonctionnaire. Si les imputations dirigées contre M. Bastid ne sont que d'infâmes calomnies, à vous, messieurs, de marquer au front ceux qui les ont répandues par milliers. Mais si ces accusations étaient vraies, vous leur devriez au contraire les mêmes actions de grâces qui furent rendues à Cicéron quand il dénonça les déprédations de Verrès, et vous ouvririez vos rangs pour laissser passer l'auteur de ces iniquités.

M. le substitut donne ensuite lecture des trois articles incriminés, les voici :

Article incriminé du 15 novembre. (Correspondance du Cantal).

Nous sentons toute la gravité des faits racontés ci-dessous, mais nous ne les publions que parce qu'ils nous sont garantis par bonnes et valables signatures. S'il venait à l'esprit de quelqu'un de demander à quoi servent les journaux indépendans, nous répondrions qu'ils ne serviraient qu'à dévoiler des choses aussi monstrueuses, que cela serait déjà de leur part un immense bienfait. Supprimez la publicité et nous ne tarderons pas à retomber sous le régime des concussions, des lettres de cachet, voire même des oubliettes et de toutes les richesses apanagères de la monarchie de pur sang.

Aurillac, ce 6 novembre 1834.

Monsieur le rédacteur,

« Nous signalons à l'attention de vos lecteurs les faits suivans qui parlent assez haut d'eux-mêmes, pour n'avoir pas besoin de commentaire.

» Un individu qui tient à titre de fermage un moulin de M. Bastid, maire de la commune de St-Cernin et membre du conseil général, avait intenté, il y a trois ou quatre mois environ, une action en police correctionnelle au sieur Escudier, buraliste marchand de tabac. Cette affaire fut jugée par le tribunal d'Aurillac qui mit les parties hors de cour et de procès dépens compensés. Ce résultat fut loin de satisfaire M. Bastid qui avait été, dit-on, l'instigateur du procès. En conséquence, ce fonctionnaire fit appeler Escudier, et lui déclara que s'il ne lui remettait pas une somme de quarante fr. pour dédommager son fermier, il le dénoncerait à ses supérieurs comme républicain (1) et lui ferait ôter son bureau de tabac. Escudier hésita longtemps à se soumettre à cette exaction, mais enfin après avoir pris le conseil de quelques amis, et sachant bien qu'il n'est pas prudent, quand on est faible, de lutter contre les puissans, Escudier, dis-je, se rendit chez monsieur le maire Bastid, et là, *il lui fit remise de quarante fr.*, déclarant qu'il aimait encore mieux perdre cette somme que sa place. *L'argent fut accepté et empoché par monsieur le maire.*

» Autre fait : Dans l'affaire dont nous avons parlé plus haut, un sieur Bouyssou avait déposé comme témoin. Il paraît que, dans sa déclaration, il n'obéit qu'aux inspirations de sa conscience et non aux caprices de M. Bastid, ce qui ne manqua pas de lui attirer son animadversion. Quoiqu'il en soit, monsieur le maire ayant rencontré dans ses propriétés une vache appartenant à Bouyssou, força ce dernier à lui payer une somme de trois francs en lui disant : « Restituez à présent les trois francs que vous avez reçus dernièrement au greffe d'Aurillac, sinon je vais faire mettre votre vache en » fourrière » Les trois francs *furent payés* par Bouyssou et empochés par M. Bastid.

» Plus tard, nous reviendrons sur la conduite de M. le maire Bastid et nous signalerons des faits dont nous serons toujours prêts à administrer la preuve, et qui sont tout à fait dignes d'attirer l'attention de l'autorité supérieure et de l'opinion publique. »

Article incriminé du 10 décembre. (Correspondance du Cantal).

Nous tenons beaucoup à prouver que nous ne dévoilons qu'à bon escient les faits d'extorsion, de forfaiture et les iniquités quelconques. Dans notre feuille du 15 novembre, nous avons révélé deux faits des plus graves contre M. le maire de St-Cernin (Cantal). Si ce magistrat se fût borné à nous écrire, comme il l'a fait, une lettre *confidentielle* (ce mot est écrit de sa main) pour nous engager à nous tenir en garde contre la malveillance de ses ennemis, s'il eût pris le sage parti de garder le silence sur des circonstances dont il ne pouvait nier la notoriété, s'il eût cherché à les faire oublier par une administration plus irréprochable, il ne nous aurait pas mis dans la nécessité de nous occuper encore de lui. Mais, au contraire, il a eu la maladresse de faire insérer dans la feuille de M. Delamarre, une lettre sur la moralité de laquelle, sans parler de son style Welche, nous nous sommes déjà expliqué. M. le maire de St-Cernin est présenté dans cette lettre comme le magistrat le plus intègre, et le *Patriote* est accusé de calomnie. Que ne lui fait-on un procès ? — Mais voyons un peu.

Nous avons raconté que M. le maire avait extorqué à un habitant de sa

(1) Notez bien que le sieur Escudier serait fort embarrassé de dire ce que c'est qu'un républicain ou un monarchiste.

commune 40 fr., en le menaçant de le dénoncer et de lui faire perdre son bureau de tabac, et trois francs à un pauvre métayer, pour le punir d'une déposition consciencieuse qu'il avait faite en justice. — A quoi on nous répond : « le *Patriote* n'attaque M. Bastid que parce qu'il est maire, que
» parce qu'il exerce des fonctions publiques sous une monarchie constitu-
» tionnelle; on lui reproche des faits malicieusement arrangés, tout exprès
» pour en faire ressortir des conséquences fausses, mais outrageantes pour
» son honneur et sa délicatesse; il n'y a rien de plus simple cependant; son
» fermier avait eu un procès en police correctionnelle contre un individu ;
» les parties avaient été mises hors de procès, et le fermier voulait *interjeter*
» *appel* d'un jugement dont il croyait avoir à se plaindre. Averti de cette
» intention, son adversaire, redoutant les suites de cette affaire, fait pro-
» poser un accommodement et offre une indemnité au fermier. On s'adresse
» pour cela au propriétaire, à M. Bastid *qui d'abord refuse de se mêler de*
» *cette affaire*. On insiste, *on prie* M. Bastid de faire terminer ce différend,
» on dépose entre ses mains 40 fr. d'indemnité, *qu'on croit consciencieuse-*
» *ment devoir*, et parce que M. Bastid consent à rendre ce service, le
» *Patriote* consigne dans sa feuille que M. Bastid empoche les 40 fr. »

On a été bien maladroit d'écrire ce qui précède, car nous n'y répondrons que par des faits. — Escudier était prévenu de coups portés au fermier de M. Bastid, et à son tour il se plaignait d'avoir été diffamé. Les deux plaintes furent portées à l'audience du 12 juillet. M. Bastid était présent, et il doit se souvenir que le défenseur d'Escudier le condamna au supplice d'entendre dérouler la longue série des tracasseries qu'en sa qualité de maire il avait fait endurer à l'instituteur de la commune. Le tribunal renvoya Escudier de la plainte, et compensa les dépens. — Vint ensuite la plainte portée par Escudier, l'affaire ne fût pas même plaidée : sous les auspices du tribunal il se fit un accommodement; les dépens des deux affaires furent mis en masse, chacun dut en payer la moitié. Au sortir de l'audience tout fut réglé, le jugement fut exécuté, et ne fut porté sur la feuille que parce qu'on ne put s'en dispenser. M. le maire le sait bien, puisqu'il était présent : *Il a donc altéré la vérité*, quand il a dit qu'Escudier redoutait l'appel, et le *Patriote* a dit vrai, quand il a dit que M. Bastid avait abusé de son autorité de maire pour extorquer 40 fr. à un malheureux père de famille. Ce n'est pas tout : M. Bastid, avocat et notaire, doit connaître les disposi- tions de l'art. 203 du code d'instruction criminelle, qui veut que la décla- ration d'appel soit faite dans les dix jours de la prononciation du jugement. Il les connaît, et pourtant il ose dire *qu'on novembre* Escudier tremblait qu'on n'appelât d'un jugement rendu en juillet, jugement exécuté, acquiescé.

On lit encore dans la feuille de M. Delamarre : « Un voisin à qui, vingt
» fois peut-être M. Bastid avait fait grâce pour les dommages que ses bes-
» tiaux avaient faits dans ses propriétés, consent enfin à donner à un do-
» mestique, qui avait pris les mêmes bestiaux en délit, une modique somme
» de 3 fr. »

Cette assertion n'est pas plus vraie que la première. Ce n'est pas pour les dommages causés par les bestiaux de Bouyssou que les trois francs ont été exigés par M. Bastid, mais bien parce que, dans l'affaire de son fermier avec Escudier, Bouyssou n'avait pas voulu déposer suivant ses désirs. En voici la preuve; Bouyssou tient, à titre de fermage, un domaine situé dans la commune de Saint-Cernin, il est associé pour cette exploitation avec un

autre cultivateur. Son co-associé ayant voulu participer, par moitié au payement des trois francs, qui avaient été exigés par M. Bastid, ce dernier en
fut instruit, et lui fit savoir qu'il entendait que les trois francs fussent payés
en totalité par Bouyssou, attendu qu'il n'avait à se plaindre que de lui.

Nous n'ajoutons rien. Nos lecteurs voudront bien remarquer que nous
articulons des faits précis. Qu'on nous poursuive ; nous fournirons nos
preuves.

M. Bastid est maire, M. Bastid est membre du conseil général du Cantal:
on voit que notre département du Puy-de-Dôme n'est pas le seul qui compte
un maire membre du conseil-général, sur lequel il y ait à conter de pareilles
peccadilles.

Article incriminé du 7 janvier. (Correspondance du Cantal).

Monsieur le rédacteur,

«Dans le *Patriote* du 15 novembre dernier et du 10 décembre courant, nous
avons prouvé, d'une manière incontestable, que M. *Bastid*, maire de St-
Cernin, a bien réellement abusé du pouvoir qu'il tient de ses fonctions,
pour extorquer au sieur *Escudier*, débitant de tabac, une somme de 40 fr.
Nous avons également établi que cet administrateur a, de plus, extorqué
3 fr. à un pauvre métayer, pour le punir d'avoir déposé en justice suivant sa
conscience !

» M. *Bastid*, qui avait d'abord essayé de donner, dans l'*Echo du Cantal*,
quelques explications sur les faits graves à lui imputés, et avait même osé
nous adresser l'épithète de calomniateur, n'a pas trouvé un seul mot de réponse à notre second article. Tout le monde en hausse les épaules, et l'on
commence généralement à apprécier à sa juste valeur le fonctionnaire qui
s'est placé dans une position aussi déplorable.

L'*Echo* lui-même a inséré, dans un de ses derniers numéros, une lettre
datée de Paris, mais évidemment écrite à Aurillac, qui contient, à ce sujet,
les lignes suivantes, que nous copions textuellement :

« A propos de ces attaques du *Patriote*, je blâme beaucoup l'inertie de
» vos partisans, *celle de vos fonctionnaires;* ils se laissent insulter sans mot
» dire : seraient-ils donc coupables, puisqu'ils se taisent ! Un proverbe dit;
» *Qui ne dit rien consent.* Serait-il vrai dans cette circonstance ?

» Malgré ces charitables exhortations de la feuille préfectorale, M. *Bastid*,
nous en sommes convaincus, se gardera bien de rompre le silence, car il
sait que nous pouvons prouver tout ce que nous avons publié et tout ce
que nous pourrons publier encore sur sa conduite administrative . . . . . et
d'autre part, ne devons-nous pas supposer, qu'en sa qualité de licencié en
droit, il a lu l'article 20 de la loi du 26 mai 1819 ?

» Rien ne nous empêchera de continuer l'œuvre que nous avons commencée; c'est le devoir de tout bon citoyen de démasquer un magistrat concussionnaire, et ce devoir, malgré les dangers de plus d'un genre auxquels
nous sommes exposés, nous saurons le remplir sans faiblesse, dans l'intérêt
d'une commune lasse d'être exploitée par son premier administrateur.

» Si M. le maire *Bastid* avait profité de la leçon sévère que nous lui avons
donnée; s'il avait changé de conduite et cherché à réparer le mal qu'il a fait;
s'il avait enfin abandonné des fonctions qu'il n'est pas digne de remplir, nous
aurions pu ne pas fouiller plus avant dans les dégoûtantes saletés de son ad-

ministration, et déposer notre plume, satisfaits d'avoir été utiles à nos concitoyens et d'avoir appris à certains dépositaires de l'autorité qu'il est des actes qu'on ne peut pas commettre impunément, dan▪un pays où il existe une presse indépendante. »

» Mais il n'en a pas été ainsi : M. le maire *Bastid*, loin de s'être modifié en bien, n'est devenu que plus arrogant, ayant toujours la menace à la bouche, et continuant ses concussions comme par le passé.

» Nous nous croyons donc obligés de raconter encore quelques-unes de ses gentillesses administratives. Nous le ferons, toutefois, sans y ajouter nos réflexions, bien assurés que les faits parleront assez d'eux-mêmes.

» Un décret du 12 juillet 1807 a réglé la taxe des expéditions des actes de l'état civil. L'art. 4 porte, *qu'il n'est rien dû pour la confection desdits actes et leur inscription dans les registres.* Le même article défend d'exiger d'autres taxes et droits que ceux spécifiés dans ledit décret, *à peine de concussion.*

» M. *Bastid* doit connaître ce décret, puisque l'art. 5 exige qu'il soit affiché en placard, et en gros caractères, dans chacun des bureaux où les déclarations relatives à l'état civil sont reçues.

» Et cependant on perçoit, à la mairie de Saint-Cernin, une taxe non autorisée sur tous les actes qui concernent la mairie, et notamment :

1° Par chaque déclaration de naissance. . . . . , . . » fr. 50 c.
2° Par chaque déclaration de décès. . . . . , . . . » 50
3° Par chaque certificat, de quelque nature qu'il soit de. 50 c. à 1 fr.
4° Pour chaque mariage, depuis. . . . . 2 fr. jusq. 6.
5° Pour chaque expédition d'un de ces actes. . . . . . 50 c. au moins.
6° Pour la délivrance d'un passeport, de. . . . , . . 50 c. à 1 fr.
Le tout indépendamment du papier timbré.

» Ces diverses perceptions se font si ouvertement, et avec tant d'uniformité, qu'il semblerait vraiment qu'il existe un tarif pour les régulariser. Mais alors qui est-ce qui a pu faire et approuver un tarif aussi formellement en opposition avec la loi ? Si ce n'est pas M. *Bastid* lui-même, nous espérons qu'il nous fera connaître celui à qui nous devons en attribuer la responsabilité, et dans tous les cas, qu'il voudra bien nous apprendre *ce que sont devenus les fonds ainsi abusivement perçus, car nous sommes assurés qu'ils n'ont figuré ni en recette, ni en dépense sur aucun budget communal!*

» Et qu'on ne pense pas que ce soit un objet peu important : la commune de Saint-Cernin possède 3,600 habitans, et l'émigration y est si générale qu'il se délivre annuellement presqu'autant de passeports qu'il y a de familles. Les passeports seuls produisent donc des sommes considérables !...

» Continuons ;

» M. *Bastid* est en même temps *maire et notaire.* Deux citoyens lui ayant un jour apporté l'expédition d'un acte de vente, et l'ayant prié de vouloir bien, en sa qualité de *maire*, faire opérer la mutation de l'impôt assis sur la propriété vendue.. ... *Ce n'est pas moi qui ai reçu cet acte,* leur dit vivement ce fonctionnaire, *eh bien! la mutation ne peut pas s'opérer !....*

» D'autres citoyens s'étant présentés chez lui pour le prier de faire des publications de mariage..... — *Vous adresserez-vous à moi pour passer le contrat,* leur demanda l'officier de l'état civil? — Réponse négative des administrés, qui avaient accordé leur confiance à un autre notaire. — Menaces et injures de la part de M. le maire, *qui s'oublia au point de leur déclarer que s'ils ne s'adressaient pas à lui, dès le lendemain du mariage il les forcerait à abattre un mur qu'ils avaient construit le long d'un chemin vicinal.* (Ce mur était en entier sur leur propriété, et le chemin avait au moins deux fois la largeur voulue).

» Ce n'est pas tout encore : comme les administrés de M. *Bastid* persistèrent à ne pas vouloir passer leur contrat chez M. le *maire-notaire*, les menaces reçurent un commencement d'exécution : *M. le maire chargea un commissaire de lui faire un rapport de complaisance sur le mur construit par les récalcitrans, et cette affaire n'en serait pas restée là, si le commissaire nommé n'eût pas été un estimable citoyen, qui refusa tout net de servir la colère du tyranneau.*

» En voilà bien assez pour cette fois, nous avons déjà épuisé les bornes d'un article de journal; nous pourrons revenir sur ce sujet inépuisable, si ce troisième article ne produit pas un meilleur résultat que les deux premiers.

» *Note du rédacteur.* — Cette lettre est signée, et nous sommes autorisés à publier la signature dès que nous le croirons nécessaire. Nous avons en main de quoi soutenir toute la responsabilité des faits graves qui sont rapportés ci-dessus. Qu'on nous attaque : nous ne reculerons pas devant le procès. »

Après la lecture des articles incriminés, on procède à l'appel des témoins. Ils sont au nombre de près de cent.

Témoins cités par les prévenus.

Le premier témoin, M. *Escudier* marchand de tabac, à St.-Cernin, dépose que M. Bastid le menaça de lui faire perdre sa place, de le faire destituer s'il ne lui remettait pas 40 fr. Il s'autorisait pour cette réclamation, de ce que son fermier, dans une affaire qu'il avait eue avec Escudier et qui s'était terminée par un paiement à portion égale des frais, aurait été lésé de 40 fr. Escudier alla consulter Me Delzons qui lui conseilla de ne pas donner les 40 fr. — J'appris alors, continua le témoin, que M. Bastid m'avait dénoncé comme républicain, comme distribuant des journaux républicains et vendant à faux poids. On me dit que M. Bastid était du conseil général et maire de la commune, qu'il pouvait me faire ôter ma place, que j'étais le pot de terre contre le pot de fer. Je me décidai à donner les 40 fr. à M. Bastid.

D. A qui les avez-vous donnés. R. à M. Bastid.

D. Savez-vous s'il se fait, à la mairie, des perceptions illégales ? R. On perçoit habituellement, de 50 c. à 1 franc pour chaque passeport; pour les actes de mariages de 10 à 12 francs; pour les certificats 50 c. — D. Qui vous l'a dit dit? R. Une personne qui en a souffert, M. Clément. — D. Accuse-t-on le maire de ces exactions? R. On en accuse le secrétaire. — D. Vous a-t-on dit, si ces exigences étaient souvent répétées? R. On m'a dit qu'elles étaient habituelles. — D. Cela était-il à la connaissance du maire? R. Je pense qu'oui. — D. Avez-vous su si on s'en était plaint au maire lui-même ? R. Je l'ignore. — D. Avez-vous su si le maire menaçait ceux qui ne font pas d'actes chez lui ? Avez-vous entendu parler, par exemple, de la menace de faire abattre un mur ? R. On me l'a dit. — D. Qui ? R. Un habitant de Corme. — D. Connaissez-vous ce mur ? R. Non.

Me *Pompignac* l'un des avocats de M. Bastid. M. Bastid, lors de votre affaire de 40 fr. ne vous dit-il pas qu'il ne voulait plus s'en mêler. — R. Non, monsieur.

Me *Pompignac*. Le témoin n'est-il pas l'expéditionnaire de M. Guibert? R. J'ai fait pour lui quelques expéditions, mais rarement.

Me *Dessauret*. Le secrétaire de la mairie est-il aussi instituteur primaire? — Oui, Monsieur.

M. *Arnal*, receveur de l'enregistrement à St-Cernin. J'étais un jour chez M. Bastid, lorsque M. Escudier lui dit : M. le maire, je suis allé à Aurillac où j'ai appris que vous vouliez me faire destituer. J'ai une femme et des enfans. J'aimerais mieux vous donner ce que vous m'avez demandé, mais 30 fr. seraient assez. Non, répondit M. Bastid, il faut 40 fr. — Eh bien, voilà 40 francs.

M. *le président*. Que fit M. Bastid de ces 40 fr. — R. Il les prit.

M. le président demandant au témoin ce qu'il peut savoir des autres circonstances, il répond qu'il ne les connaît que par ouï dire ; que plusieurs personnes lui ont dit qu'on leur avait pris 50 c. pour chaque déclaration.— D. Le nom de ces personnes? R. Un sieur Joachim Martin entr'autres.

Me *Delzons*. Le sieur Ferradou ne vous a-t-il pas parlé d'un mur que M. Bastid voulait faire reculer parce qu'on n'avait pas passé un acte chez lui? — Ferradou m'a, en effet, parlé d'une femme éplorée parce qu'on voulait exiger de son mari le changement de place de ce mur.

Me *Delzons*. Il est bon que vous sachiez, messieurs, que Ferradou avait été cité par nous, mais que M. Marty, beau-frère de M. Bastid, est porteur contre lui d'une contrainte par corps.

Me *Pompignac*, avocat de M. Bastid. —M. Bastid n'a-t-il pas dit, à propos de l'affaire des 40 fr., qu'il ne voulait plus s'en mêler?—R. Non, monsieur.

M. *Aldebert*, contrôleur ambulant, n'a pas vu donner les 40 fr., mais Escudier lui a dit les avoir donnés? — D. Vous dit-il par quels motifs il les avait donnés? — R. Je les connaissais. Je savais que M. Escudier avait eu un procès avec M. le maire ou avec son fermier. Je lui avais dit : « A votre place je ne donnerais pas les 40 fr. Peu après il me dit que la chose était faite.

M. *le président*. N'avez-vous pas entendu parler d'une menace de lui faire perdre sa place? — R. Je ne pense pas qu'il ait pu avoir cette crainte ; je sais que M. le directeur lui avait dit : je ne vous conseille pas de donner ni de ne pas donner les 40 fr.

D. Mais y a-t-il eu menace? — R. Il y a eu une conversation secrète dans le cabinet de M. le directeur et je ne crois pas devoir la révéler.

M. *le président*. Songez que vous êtes ici devant la justice et que vous lui devez toute la vérité.

Le *témoin*. M. le président, M. le directeur ne vous a-t-il pas écrit? Si pourtant il ne vous a rien révélé puis-je être tenu à faire plus que lui?

Nouvelle insistance de M. le président.—Eh bien dit alors M. Aldebert, M. le directeur a dit à Escudier : vous recevez des feuilles républicaines, à quoi Escudier répondit : « Je ne suis abonné qu'*aux connaissances utiles* (on rit), et à l'*Echo*, mais cela n'a duré que que peu de temps, car on ne me payait pas les abonnemens. — « On m'a dit que vous vendiez à faux poids. » — Je pris alors la parole et je répondis que M. Escudier vendait de bon tabac et ne faisait pas faux poids.

M. *le président.* On n'a donc pas forcé Escudier de payer les 40 fr. — R. Non, mais on lui recommanda, comme on nous le recommande toujours, à nous employés, d'être bien avec l'autorité locale: faites ce que vous voudrez, lui dit-on, mais il est prudent d'être bien avec ses supérieurs.

Me *Delzons.* N'avez-vous pas pensé que c'était M. Bastid qui avait provoqué les avertissemens donnés à M. Escudier.? — R. Je ne pouvais le penser, mais cependant M. le directeur me l'a donné à entendre. Ce qui faisait que je ne pouvais le croire, c'est qu'il me semblait impossible que quelqu'un devînt honnête homme, cessât de vendre à faux poids, et d'être républicain en payant une somme de quarante francs (On rit).

Me *Dessauret.* M. Escudier vous nomma-t-il les personnes qui lui conseillèrent de donner les 40 fr.? — R. Il me nomma M. le receveur de l'enregistrement.

Me *Dessauret.* J'en suis bien aise.

M. *Bouyssou,* fermier. — D. Connaissez-vous quelques faits concernant M. le maire Bastid? — R. Je sais-pas rien. — D. Mais enfin relativement aux 40 fr.? — R. Le procès n'eut pas de suites, les frais ont été payés par moitié. — D. Sur une somme de 3 fr. qu'on aurait exigée de vous? — R. C'est pour des bestiaux que M. Bastid prétendit avoir été trouvés dans ses bois. Il m'envoya chercher, me demanda 5 fr. Je répondis que c'était trop cher, il exigea alors un écu, et me dit que si lors de ma déposition dans le procès d'Escudier je n'avais pas pris les 3 fr. de la taxe, il n'aurait pas exigé mes trois francs qui n'étaient qu'une restitution.

Me *Dessauret.* Le témoin est marié; lui a-t-on perçu des droits illégaux lors de son mariage? — R. Je ne me le rappelle pas. — Il résulte des explications données, que le témoin s'est marié à Anglar et non à St-Cernin.

M. *le Président.* Mais avez-vous entendu dire qu'on ait perçu des droits illégaux? — R. Oui. — Le témoin nomme une personne qui prétend en avoir été victime.

M. *Vigne,* cordonnier, a payé, il y a trois ans, 10 sous pour un passeport, outre les 40 sous que coûte le passeport. — M. *le président.* Vous a-t-on demandé ces dix sous? — R. Oui, monsieur. — Vous ne vous en êtes pas plaint? — Non.

Me *Delzons.* N'avez-vous pas pris plusieurs fois des passeports, et une fois entr'autres, ne vous refusait-on pas le passeport parce que vous n'aviez pas les dix sous qu'on exigeait?

M. le président ayant traduit au témoin la question en patois, il y répond affirmativement. Il n'avait pas de monnaie, et on ne lui remit le passeport que quand il s'en fut procuré.

M. *le Président.* M. Bastid était-il maire? — R. Oui, monsieur.

Un juré. Etait-ce l'usage précédemment de percevoir ces dix sous? — R. Je crois que oui.

M. *Jean Raymond.* On a pris 8 fr. à ce témoin pour son mariage.

Il résulte d'une conversation en patois entre Me Dessauret et ce témoin, qu'on lui perçut plusieurs fois des droits, et entr'autres dix sous pour une déclaration de décès, mais qu'il ne marchanda pas.

M. *le substitut.* N'avez-vous pas porté plainte à M. le maire? — R. Non.

François Lajarrige a donné dix sous pour un passeport, on a exigé

2

la même somme d'un de ses camarades. — Elie Bonnis a payé 30 sous au commis pour un un acte de naissance et une déclaration de décès.

Me *Delzons.* Y avait-il un extrait ou une simple déclaration ? — R. Simple déclaration.

Quand Philippe Larometz s'est marié, le secrétaire lui prit 4 fr. 50 c. pour le papier et 2 fr. pour ses peines.

M. *le président.* Avez-vous payé quelque chose pour un passe-port?— R. Dix sous.

On a fait payer 7 fr. à Guillaume Bouige pour son mariage. On lui a compté cinq feuilles de papier timbré.

Me Delzons lit l'acte de mariage duquel il résulte qu'il n'y a eu que trois extraits. Il paraît qu'on ne se contentait pas de percevoir un droit illégal, mais qu'on spéculait encore sur le papier. — Me Delzons prouve que déduction faite du timbre il restait encore pour la concussion une somme qu'il précise.

MMes Dessauret et Pompignac se récrient.

Me Delzons. Oui concussion, c'est le mot. On lui dit qu'il serait mal servi dorénavant, s'il ne payait pas.

Pierre Latournerie a pris un passeport et a refusé de payer.—*Joachim Martin* a payé pour un extrait de naissance.—Il y a deux mois, il a payé 12 sous pour un extrait outre les 25 sous de la feuille.

Il résulte d'une explication, que la demeure du maire est quelque peu éloignée de celle du secrétaire et qu'on pourrait croire que celui-ci se fait payer la peine qu'il se donne d'aller chercher la signature, mais lors même que les habitans vont faire signer eux-mêmes leurs passeports ou autres pièces, ils n'en payent pas moins. C'est ce qui est arrivé à Jacques Chabaud, à Guinot-Berjaud, à Jean Andrieux, à Louis Bumont qui paya six sous pour un passeport, l'argent d'une bouteille, comme dit M. le président. —Antoine Arnal dépose des mêmes faits.

Pour abréger les débats, Me Delzons renonce à l'audition de Pierre Bouige, Antoine Gibert et Pierre Jourde, mais Me Dessauret s'y oppose, et alors ils viennent déposer des mêmes concussions: l'un d'eux, Pierre Bouige dit qu'on lui a fait donner dix sous pour un passeport, bien que ce soit un de ses camarades qui l'ait porté à signer.

Elisa Maxèce, qui porte le costume noir des personnes de son sexe adonnées à une grande dévotion, s'avance les mains jointes. Elle a fait deux déclarations de naissance et deux de décès. On lui prit toujours cinquante centimes pour chaque.

Sur l'interpellation de Me Delzons elle dit qu'elle paya une fois un certificat 2 fr. 5o c., et on lui fit payer le simple permis d'inhumation qu'on lui remit à la mairie pour l'église.

Pierre Parlanges a payé dix sous pour chaque passeport depuis l'âge de quinze ans. Lors de son mariage il a donné 6 francs, outre le papier qu'il a payé à part.

M. *le président.* Vous n'avez pas trouvé cela un peu cher ?

R. Je ne savais pas.

Sur l'interpellation de Me Delzons le témoin dit que lorsque son mariage fut célébré, en présence de ses parens et de ses témoins, il demanda au secrétaire DEVANT M. LE MAIRE: « Combien vous faut-il? et que le premier répondit: Nous arrangerons cela ensemble. » Plus tard le témoin alla chez Gaillard pour chercher un passeport, et celui-ci lui demanda 5 francs pour son mariage, et 50 c. pour son passeport. Les deux sommes furent payées.

Pierre Clément a payé plusieurs fois pour des passeports ainsi que pour des déclarations de naissance. Il savait que c'était l'usage, on lui a pris deux francs pour un certificat, mais il n'a pas payé pour une déclaration de décès.

M. *le substitut*. Comment cela?

R. J'avais appris ailleurs, en voyageant, qu'on ne devait rien pour les déclarations à la mairie.

Après une suspension d'audience de quelques instans, *Jean Raynal* voulant se marier, se rendit à Aurillac pour prendre au greffe les expéditions des actes qui pouvaient lui être nécessaires ; de son chef, il les apporta à Gaillard, secrétaire du maire de St-Cernin. Gaillard lui prit 5 fr. ou 5 fr. 50 c. *pour l'enregistrement du mariage.* Quelques jours après, il eut encore besoin de l'acte de naissance de sa future qui était née dans la commune de St-Cernin. N'en connaissant pas la date précise, il pria Gaillard de le chercher dans les registres. Ce dernier lui prit 6 francs pour droits de recherche et 1 fr. 50 c. pour l'expédition. Trouvant cette somme un peu plus forte en comparaison de ce qu'il avait payé au greffe d'Aurillac pour les autres actes, il alla s'en plaindre à M. le maire qui lui dit que le droit était dû.

M. *Antoine Marty*, juge de paix, ignore les faits relatifs aux 40 francs, mais quant aux faits de concussion il a su qu'au secrétariat on percevait des droits. Il en *prévint M. le maire.*

M. *le président.* A quelle époque?

R. En mai ou juin 1833.

M. *le président.* Savez-vous si depuis les mêmes abus se sont continués ?—R. Oui, M. le président. (Profonde sensation.)

Le président. N'avez-vous pas senti que vos devoirs vous obligeaient à faire plus ? — R. J'ai rempli ce devoir, M. le président.

Le président. Vous avez donc prévenu M. le préfet ?

R. J'ai rempli ce devoir en 1833. — Quand j'avais prévenu M. le maire il m'avait répondu : « Mon greffier n'exige rien de personne, il prend ce qu'on lui donne » (Sensation).

M. *le président.* Mais, enfin, vous, M. le juge de paix, vous père de vos justiciables, et dont tous les efforts tendent à les concilier, en présence de pareils abus, d'exigences de sommes de dix sous, souvent plus fortes pour des hommes pauvres, que d'autres beaucoup plus considérables pour des riches, n'auriez-vous pas dû aller jusqu'au secrétaire lui-même ?

R. Je ne l'ai pas fait (1).

Me *Dessauret.* A quelle époque avez-vous prévenu M. le maire ?

R. C'était en juin 1833. Je crois même en avoir la preuve. Le maire se plaignait de propos de moi contre lui. J'eus une explication avec lui. Il se plaignait que je l'eusse dénoncé au préfet. Je l'invitai à se trouver avec moi devant ce magistrat. Il n'y vint pas.

M. *le président.* Ces faits étaient-ils anciens ? — R: Oui, monsieur.

M. *Jean Cabane*, médecin et maire à St-Chamans, a entendu, quand les articles eurent paru dans le *Patriote*, M. Parat dire qu'il était

(1) M. le juge de paix a fait plus, assurément, en allant droit au maire et ensuite au préfet ; que s'il se fut adressé au secrétaire ; c'était au maire averti de remplir ce devoir.

bien malheureux pour le maire de St-Cernin d'être ainsi accusé, mais que c'était sa faute, car il y avait bien long-temps qu'il l'avait prévenu que cela lui arriverait ; que son secrétaire finirait par le perdre. Le témoin, sur la demande de M. le président, répond que les concussions qui se font depuis long-temps sont de notoriété publique, et et nomme plusieurs personnes qui lui en ont parlé.

Marie Laplace dépose sur des perceptions illégales, sur un fait de passeport et de plus sur le fait du mur. Le maire Bastid, qui est en même temps notaire, dit à son mari : Vous n'êtes pas venu passer le contrat chez moi, *je vous le vaudrai*, votre beau-frère reculera son mur. *Il me le vaudra*, et le mur fut reculé en partie, quoique le commissaire nommé eût dit au propriétaire de ne point se chagriner, que son mur n'était pas sur la voie publique. — Si on eût passé le contrat chez moi, avait ajouté M. Bastid, cela ne serait pas arrivé.

M⁄e *Delzons*. On prétextait d'une nécessité de voirie et il a été constaté que le chemin avait deux fois la largeur voulue.

Pierre Verniols, commis au greffe d'Aurillac, dépose qu'il y a trois ans environ, M. Bastien étant allé au greffe, le témoin lui dit : — M. le maire, vous avez un secrétaire qui vous compromettra, il perçoit des droits qui ne sont pas dûs..... — C'est un pauvre diable, répondit M. Bastid ; que voulez-vous, il a des besoins.

M. *Rengade fils*, capitaine de la garde nationale de St-Ilide. Il est à ma connaissance qu'on a perçu de l'argent pour des actes de l'état civil, et entre autres personnes à un M. Reynal qui a payé 13 à 14 francs pour son acte de mariage. Il en a été de même d'un M. Martel. On en prévint le maire qui répondit qu'on n'avait perçu que ce qui était dû.

Sur cette question si M. Bastid tirait parti de ses fonctions de maire au profit de son étude, M. Rengade raconte que son père qui est notaire, ayant reçu un acte de partage, les co-partageans portèrent l'expédition à M. Bastid pour faire opérer la mutation, mais ils revinrent sans l'avoir obtenue, et dirent à M. Rengade que M. Bastid avait refusé de faire la mutation, en leur disant que l'acte était mal fait, et que s'ils s'étaient adressés à lui, ils auraient payé moins d'impositions. M. Rengade père écrivit une note au bas de l'expédition, portant : Je vous prie, M. *Bastid*, de vouloir bien me dire ce qui manque à cet acte, pour que la mutation puisse être opérée ; et il n'en entendit plus parler. *M. Rengade père*, qui avait été assigné, ne s'est pas présenté.

M⁄e Delzons demande que MM. Aldebert, Escudier et Arnal soient appelés.

Selon M. Aldebert, Escudier lui aurait dit que c'était M. Arnal qui lui avait conseillé de payer les 40 fr. Escudier déclare qu'il avait bien consulté M. Arnal, mais que celui-ci ne lui avait pas dit de payer les 40 francs. Cette assertion est confirmée par M. Arnal.

M⁄e Dessauret prenant la parole sur ces dépositions dit qu'il en tirera parti pour la défense, car, dit-il, au point où en est la question, où on l'a placée, on peut dire que c'est à nous de présenter la défense. (Assentiment au banc des prévenus.)

Témoins cités par M. Bastid.

M. Auguste Vanel, suppléant du juge de paix et adjoint à la mairie de St-Cernin, semble réciter un discours étudié d'avance, et où il s'étend sur les vertus de M. Bastid, à un tel point que M. le président l'invite à abréger ses détails. — Il a signé, dit-il, des passeports, des actes de naissance, et jamais il n'a entendu proférer aucune plainte dans le public. Jamais on n'a fait aucune perception illégitime.

MM. Jérôme Mallet, Antoine Lebert, Antoine Pommier, Antoine Tible et Claude Sarrat viennent dire dans les mêmes termes, qu'on n'a jamais perçu rien d'illégal, et qu'ils tiennent M. Bastid pour un très-honnête homme. Je l'ai toujours regardé comme tel, dit Antoine Pommier, et je crois qu'il l'est toujours.

Me *Dessauret.* Vous a-t-on pris des droits pour des passeports.
R. Jamais.
Me *Delzons.* Avez-vous pris des passeports ?
R. Jamais. (On rit).

Sur la demande de Me Pompignac, l'audience est renvoyée au lendemain, neuf heures.

AUDIENCE DU 20 FÉVRIER.

La foule se pressait à la porte de l'audience, long-temps avant son ouverture. Elle est encore plus considérable que la veille, et l'on remarque un très-grand nombre de dames dans la tribune qui leur est réservée.

Suite de l'audition des témoins de M. Bastid.

A l'appel de Pierre Gaillard, secrétaire de la mairie de St-Cernin, il se fait un grand silence dans l'auditoire. — Lorsque je fus appelé à remplir les fonctions de secrétaire, dit Pierre Gaillard, il y avait eu des abus, M. Bastid me recommanda de ne les point continuer, je lui dis qu'il pouvait compter sur moi, et *du depuis* je justifiai sa confiance.

D. Y a-t-il long-temps que vous êtes en fonction ? R. Je succédai à mon père, mais long-temps avant sa mort; comme il était malade, c'est moi qui faisais ses écritures.

D. M. Bastid entra-t-il avec vous dans quelques détails? R. Oui, monsieur. — D. quels étaient ces détails ? R. c'était sur les passeports.

D. Quelle était votre rétribution? R. Il était passé à mon père 200 fr., mais *du depuis*, je fis élever ma rétribution à 300 francs. (1)

D. Vous êtes en même temps instituteur? R. Oui monsieur, *du depuis* le nouvelle loi sur l'enseignement primaire. D. Combien avez-vous d'enfans? R. Cinquante. D. Combien payent-ils? R. 40 à 50 sous par mois.

M. *le président.* Je dois vous prévenir qu'on a fait contre vous des dépositions sur des sommes que vous auriez illégitimement perçues sur des passeports et des déclarations. Si ce fait est vrai il est extrêmement répréhensible, et je dois vous donner en présence d'un nombreux auditoire, en présence d'une cour solennellement assemblée, en présence de

(1) Le sieur Gaillard paraît avoir en outre 200 fr., comme instituteur et 200 fr. de frais de bureaux.

MM. les jurés qui sont l'élite de la société, des avertissemens qui puissent vous faire rentrer en vous-même.

Le témoin fait d'une voix timide quelques observations. Si j'avais perçu illégitimement, dit-il, il y aurait eu des témoins de ma faute, car aucune déclaration ne se fait sans témoins.

M. *le président.* Aussi ne vous dis-je pas qu'il n'y en ait point eu. Je dois vous faire observer, d'ailleurs, que les délivrances de passeports se font sans témoins, et que c'est principalement sur ce point qu'on vous accuse. — R. Si j'ai perçu quelques droits c'était en dehors de mes fonctions. M. Bastid demeure à une demi-lieue de la commune. (On se récrie généralement dans l'auditoire) : c'était pour ma peine. (1)

M. *le président.* Des témoins ont déposé, que c'était eux-mêmes qui avaient porté leurs passeports à signer et qu'ils n'en payaient pas moins. Si le maire est éloigné, ce ne sont pas les administrés qui doivent en souffrir.
— Le témoin répond quelques mots à voix basse.

Me *Dessauret.* J'invite le témoin à dire s'il n'a pas été fait de démarches près de lui pour dénaturer ses dépositions ou pour l'empêcher de venir.

Le témoin. C'est un oncle à moi qui tenait d'un autre parent auquel un sieur Defailly l'avait dit, que le receveur de l'enregistrement ne me conseillait pas d'aller à St-Flour. Moi, je répondis que ma délicatesse m'en faisait un devoir. (On rit.)

M. *le président.* Est-ce là tout ?

Le témoin. Non monsieur ; j'ai encore reçu d'Aurillac une lettre dans laquelle on me conseillait de partir pour l'Espagne. D. De qui est signée cette lettre ? R. Elle n'est pas signée. (On rit.) D. Avez-vous cette lettre ? R. je crois que oui, je ne sais pas, non, M. le président. (On rit.)

Me *Delzons.* Il est bien extraordinaire que vous n'ayez pas eu la précaution d'apporter cette lettre.

M. *le président.* M. le maire vous a-t-il fait des observations, vous a-t-il donné des avertissemens ? R. Il m'a dit : vous savez que vous et moi nous avons des ennemis ; tenez-vous sur vos gardes.

M. *le président.* Avez-vous su si M. le juge de paix avait conféré avec le maire, avait écrit relativement aux abus qui avaient lieu à la mairie ? R. Non, monsieur, jamais il ne m'en a rien dit. M. le maire qui avait beaucoup de bonne foi n'avait fait aucun arrangement avec moi, et je n'ai jamais eu à m'en plaindre. A l'occasion des élections pour le conseil-général, comme je cherchai à lui prouver ma reconnaissance, il est possible que M. le juge de paix m'en veuille.

M. *le président.* Il est de mon devoir de vous faire observer que M. le juge de paix n'a sans doute besoin d'aucune justification.

Le témoin. Je n'en doute pas.

M. *le président* continuant. Vous semblez accuser ce magistrat, et pourtant lui ne vous a pas accusé. *C'est*, je dois vous le dire, *c'est la rumeur publique de St-Cernin qui a été transportée dans cette audience.*

Le témoin. Cependant je n'ai jamais rien réclamé à personne.

M. *le président.* Pour le transport, pour vos peines ? R. Je n'ai jamais rien exigé : c'était pour l'exprès, je l'ai toujours entendu de même.

---

(1) La demeure de M. Bastid est à dix minutes de la commune, et d'ailleurs, M. Bastid, notaire y vient tous les jours, puisqu'il y a son cabinet.

Me *Dessauret*. Je demanderai au témoin s'il a perçu un somme de 6 ou 7 francs d'un nommé Raynal. — R. je n'en ai aucune connaissance.

M. *le président*. Puisqu'on en vient sur ce point, il est bon d'entrer dans quelques explications. Avez-vous perçu 5 fr. 50 centimes et, quelques jours après, 6 ou 7 francs? — R. je n'ai pas connaissance de cela.

Me *Dessauret*. Le nommé Raynal n'a-t-il pas signé un certificat pour vous? — R. C'est bien vrai, et s'il avait eu à se plaindre de moi il ne l'aurait pas fait (1). Quant aux autres faits, ils se confondent dans ma mémoire.

M. *le président*. Cherchez bien.

Le témoin. Vous me rappelez des faits. Il s'agissait de recherches longues pour trouver un acte de naissance. Je répondis, en présence du beau-père, qui est mort maintenant (on rit), qu'à la mairie de St-Cernin on ne faisait rien pour de l'argent. Je délivrai les extraits.

M. *le président*. Je suis bien aise de vous dire, en présence de la partie civile, que lorsque des personnes qui se marient sont nées dans la commune, il n'est pas besoin de délivrer des extraits, mais d'une simple mention dans l'acte. A quoi bon, en effet, quand on a sous les yeux la minute? J'ai été procureur du roi à Clermont, dans un plus grand centre, et je sais comment les choses se font.

Me *Dessauret* demande au témoin depuis quand ils est instituteur par diplôme. — R. J'ai été nommé depuis 1832, mais je n'ai reçu ma nomination ministérielle qu'en 1834.

Me *Dessauret*. N'avez-vous pas été présenté par le conseil municipal? — R. Oui, monsieur. — D. Sur un rapport favorable? — R. Probablement, monsieur.

M. *le président*. Retirez-vous.

Le sieur Gaillard se retire d'un air fort embarrassé.

M. *Antoine Crézensac*. M. le maire de St-Cernin m'a dit qu'il serait toujours *l'ami du peuple*. Pour des actes, quand on a offert de l'argent, il n'a pas voulu en accepter, ni lui ni le secrétaire. (Rires).

M. *le président*. Disait-on qu'on percevait des droits? — R. Ah! oui, on le disait.

Me *Dessauret*. Depuis quand l'avez-vous ouï dire? Est-ce depuis le procès? — R. Oui, depuis le procès.

M. *le président*. Et avant? — R. On n'en parlait pas beaucoup. (On rit.)

M. *le président*. On en parlait donc un peu? — R. Je n'ai pas entendu.

M. *Parlange*. On n'a jamais, à sa connaisssance, demandé d'argent ni pour passeports, *ni pour actes*, ni pour déclarations.

M. *Lapeyre*. Me Delzons lui ayant demandé s'il n'est pas parent de M. le maire de St-Cernin, après une hésitation marquée, il répond que non. — Il habite Toulouse depuis 20 ans. Il dit qu'on ne perçoit pas d'argent, et que M. le maire est un honnête homme.

M. *le président*. Comment connaissez-vous si bien M. le maire si vous n'habitez pas le pays? R. j'y viens 6 semaines ou deux mois.

____

(1) Il est établi plus loin que lorsque Raynal a signé un certificat pour Gaillard, il ignorait qu'il eût été victime d'une concussion. C'est *le Patriote du Puy-de-Dôme* qui lui a révélé l'exaction dont il avait eu à souffrir.

M. Pierre Lacoste. Je n'ai rien à reprocher à M. Bastid. Depuis que M. Bastid est maire, on ne m'a rien pris à moi.

M. le président. Votre réponse indiquerait qu'on aurait pris à d'autres. — R. Jamais on ne m'a rien pris, à moi, depuis que M. Bastid est maire, *jamais à moi.* — On ne peut tirer du témoin d'autres paroles.

Louis Bonnis. Je crois M. Bastid un brave homme.

Hirvot. Je connais le maire pour un honnête homme.

Le président. Pour un bon maire? — R. Oui, monsieur.

D. Vous a-t-on perçu un droit pour des passeports? R. je n'en ai jamais pris. D. Pour des déclarations de naissance ou de décès? R. — On ne m'a rien fait payer. Je lui ai demandé ce qu'il lui fallait, il m'a dit: rien du tout. » D. Mais faisait-on la même réponse aux autres? — R. je n'en sais rien.

Pierre Nozières. On ne lui a jamais rien perçu. Du reste ce témoin répond *oui* à toutes les questions qu'on lui fait. A-t-on exigé de lui des extraits? — Oui. — N'en a-t-on pas exigé? — Oui, toujours oui.

Gaillard. Je n'ai rien à dire sur la conduite de M. le maire.

D. Vous n'avez pas entendu dire qu'on perçût un droit sur les passeports et sur les déclarations? J'ai entendu dire qu'on percevait dix sous sur chaque passeport.

D. Est-ce avant le procès que vous l'avez entendu dire? R. C'est-à-dire... je...

Le président. Vous devez ici la vérité, toute la vérité. En avez-vous entendu dire quelque chose avant le procès? — R. Oui, c'était avant qu'il en fût question.

D. Etait-ce pour la peine du secrétaire? R. Je n'en sais rien.

Me Dessauret. N'était-ce pas sous le secrétaire précédent? — R. Non, il y a deux ans.

Pierre Prévost. Quant à l'égard de M. le maire, je n'ai aucune déposition à porter contre lui.

Le président. Cela semblerait annoncer que vous avez à déposer contre d'autres. — Je n'habite pas St-Cernin; je n'y suis que deux mois par an.

D. Vous prenez des passeports? — R. Non, depuis fort long-temps.

D. En avez-vous pris depuis que M. Bastid est maire? R. Non.

Jean Bastid. Je n'ai rien à dire contre M. Bastid. Il y a trois ou quatre ans, je pris un passeport, M. Gaillard ne me fit rien payer. J'ai deux frères qui prennent des passeports chaque année, et qui n'ont rien payé.

Reyt. Il n'a rien entendu dire de mal de M. Bastid. Il est membre du conseil municipal, et ne sait rien que de favorable à la mairie.

D. Savez-vous si le choix de Gaillard pour instituteur fut unanime? — R. Je n'étais pas à la séance.

Gaillard. M. Bastid est un honnête homme, son secrétaire n'a jamais rien exigé. Je n'ai rien entendu dire.

Me Delzons. Habitez-vous St-Cernin?

Le témoin. Non, je demeure à Chenaillère. On rappelle M. *Reyt.* — *Le président.* Vous êtes-vous aperçu d'une certaine rivalité entre MM. les notaires de St-Cernin? — R. Non monsieur.

Latournerie, cordonnier, dit que M. le maire est un honnête homme.

il n'a rien entendu dire, mais du reste il n'a jamais pris de passeports ni fait de déclarations quelconques. *Guillaume Lachazette*, fit enregistrer un enfant il y a quatre mois. On ne lui demanda rien.

Jean Pierre Lachazette dit en patois, que M. Bastid a une bonne réputation.

Sopiquet n'a jamais pris de passeports. Sur une question de Me Pompignac, il répond qu'on ne lui a rien pris pour des déclarations.

Guillaume Cambon. M. Bastid est un brave homme qui ne m'a jamais fait payer mes passeports ni d'autres actes.

Coste. Je n'ai rien à rapporter sur M. Bastid ni père ni fils.

Le président. Avez-vous entendu dire qu'on perçût des sommes de dix sous pour des passeports ?

R. Oui, il y a deux ou trois mois. — D. Et il y a un an, l'avez-vous entendu dire ? — R. Oui, il y a même un an.

Me *Delzons*. Les fils du témoin n'ont-ils pas payé ? — R. Mes fils ne me l'ont pas dit. Je l'ai entendu dire, mais pas par mes fils.

Fragniat, tambour de la garde nationale de St-Cernin. J'ai déclaré trois enfans et on ne m'a rien réclamé. J'ai *offri* de l'argent, on ne m'a rien pris.

D. Mais pourquoi avez-vous *offri* ? Vous pensiez donc qu'il était dû ? — R. On a refusé par honnêteté.

Andrieux n'a rien entendu, ne sait rien.

J. B. Revel est percepteur à St-Cernin depuis trente-deux ans. Il a toujours connu M. Bastid pour un honnête homme, et n'a entendu parler de concussions que depuis quelque temps.

D. Avez-vous, puisque vous résidez depuis si long-temps dans la commune, entendu parler de jalousie entre les notaires, entre les familles Guibert et Bastid. — R. Non, monsieur.

Me *Dessauret*. Le témoin n'a-t-il pas eu connaissance qu'une mutation ne pouvait être faite en vertu d'un acte notarié tel qu'il était rédigé ? — Il y avait une désignation insuffisante. (1)

Me *Delzons* demande au témoin s'il ne se rappelle pas qu'un sieur Bémont, dit Tourniotte, ait payé six sous en sa présence au secrétaire de la mairie. Le témoin ne nie pas le fait, mais il dit qu'il n'en conserve pas de souvenir.

Noël Bariol a été domestique chez M. Bastid. Déposition insignifiante.

Boufflange. Pour quant à M. Bastid, maire, je n'ai rien à lui imputer, vu que je ne l'ai jamais employé en rien ni pour rien.

D. Avez-vous entendu dire qu'on perçût des droits sur les passeports et sur les déclarations ? R. Oui. — D. A quelle époque ? R. Je ne saurais dire précisément. — D. L'aviez-vous entendu dire il y a un an ? R. Même plus d'un an. — D. M. Bastid était-il maire ? R. Oui, monsieur.

Jean Decorps. C'est un brave homme. D. Qui ? R. M. Bastid. — D. Vous a-t-on pris quelque chose ? R. On n'a rien accepté. — D. Savez-vous si d'autres ont payé ? R. Je me suis trouvé présent une fois qu'on a pris 8 sous pour un passeport, mais ce n'était pas à moi.

D. Avez-vous vu le fait ? R. Oui.

(1) Le notaire qui avait fait l'acte auquel on reproche d'être irrégulier ou incomplet, pour excuser le maire de s'être refusé à opérer une mutation, est l'un des plus capables pour ne pas dire le plus capable de l'arrondissement. Le tribunal d'Aurillac a la plus grande confiance en lui, et quand il a à commettre un notaire pour une opération difficile, c'est à lui qu'il s'adresse.

3

D. M. Bastid était-il maire ? R. Oui.

Crozat. Il n'a rien entendu ni rien vu contre le maire. Il ne sait rien. *Ribes* ne sait rien non plus.

Baptiste Freyssou. M. le maire de St-Cernin a toujours administré d'une manière honorable.

Me Dessauret lui demande s'il n'est pas à sa connaissance qu'on ait cherché à influencer les témoins. — Samedi soir, répond Baptiste Freyssou, un beau-frère à moi qui s'appelle, qui s'appelle..... (Il s'arrête, et un témoin présent dans l'auditoire lui souffle le nom Dufailly), me dit en présence de ma femme, que Gaillard ferait bien de ne pas venir à St-Flour, ou bien de dire qu'il avait partagé avec M. le maire. (Murmures d'incrédulité).

Me *Delzons.* N'êtes-vous pas parent de Gaillard ? — R. Oui, je suis l'oncle de Gaillard.

Me *Delzons.* Pourquoi n'a-t-on pas cité Dufailly ?

Me *Dessauret.* Nous ne savions pas sur quoi seraient interrogés les témoins. Nous avons cité tout ce qu'il y a de plus honorable dans la commune pour répondre à vos imputations. (Murmures dans l'auditoire).

M. *Trélat.* Est-ce pour cela que la moitié de vos témoins ne sont pas de la commune ?

Me *Delzons.* Quand on attaque de cette manière là, la réponse est facile.

Parlange ne sait rien.

En ce moment, un épisode assez remarquable attire l'attention de l'auditoire. La foule s'ouvre en deux pour laisser passer un fauteuil porté par deux hommes, sur lequel est assis un vieillard ayant le pied enveloppé de flanelle.

M. *François Banel,* âgé de 60 ans, se dit militaire retraité depuis 35 ans. Il prête serment, assis, ne pouvant se lever (1).

M. François Banel n'a aucune connaissance de l'affaire, mais il s'exprime d'une voix éteinte, qui commande l'attention et déclare sur l'honneur que M. Bastid est un homme estimable. Il n'a qu'un défaut, c'est d'avoir un caractère trop doux.

D. N'avez-vous pas entendu dire qu'il se soit fait des perceptions illégales à St-Cernin, pour la délivrance des passeports et des actes de l'état civil ?

R. J'ai été trente ans membre du conseil municipal, et je n'ai donné ma démission que depuis trois mois. On nous a demandé souvent des certificats de probité. Nous n'en aurions pas donné si nous avions su chose semblable.

D. Mais vous n'avez pas répondu nettement à la question. Aviez-vous connaissance qu'on fît payer un droit pour les passeports ? — R. Quand on fixa le traitement du secrétaire je lui fis observer qu'il eût à ne pas faire de sottises.

_____

(1) Cette circonstance a produit un grand effet dans l'auditoire, et les avocats de M. Bastid en ont tiré un mouvement très-remarquable d'éloquence. Ils ont parlé de ce vieillard tout couvert de gloire, d'honneur et de cicatrices. On a dit que le lendemain M. François Banel marchait, et la seule raison qu'on ait pu donner de la position si digne d'intérêt, dans laquelle il paraissait être la veille, c'est qu'il s'était coupé les ongles trop courts à un pied. Les avocats n'avaient assurément pas connaissance de ce fait quand ils ont cherché à tirer un si grand parti de l'incident.

Ici le témoin s'arrête quelques instans, regarde M. Bastid , et dit qu'il doit faire connaître un acte de haute vertu du maire de St-Cernin. Tout le monde prête la plus grande attention. Il s'agit tout simplement de l'attention que M. Bastid a donnée, en sa qualité de maire, à la nouvelle répartition de l'impôt.

M. le président. M. Guibert fait-il partie du conseil municipal ? *Le témoin.* Le père oui, mais les fils non.

Le président. C'est tout simple, le père y étant les fils ne peuvent en faire partie.

Le témoin termine sa déposition en parlant des haines et des rivalités des familles Bastid et Guibert. Il est trop vrai , dit-il , que les père et grand-père ont toujours été divisés.

Plusieurs personnes font observer à voix basse, que ces haines héréditaires ne sont pas possibles en France , qu'elles ne sont pas dans nos mœurs, et Me Delzons dit qu'il est plus exact de rappeler que le témoin, M. François Banel , est depuis longues années ennemi de la famille Guibert.

Blaise Babet , autre témoin, ne sait rien.

Antoine Bonhomme n'a jamais pris de pièces à la mairie.

L. Lespinas habite Ardes, et ne vient que de temps en temps à St-Cernin. Il n'a pris ni passeports ni autres pièces depuis que M. Bastid est maire.

Nicolas Espinas a entendu dire que M. Bastid est un honnête homme, mais ne sait rien et n'a jamais retiré de pièces.

Antoine Lizet, médecin, n'habite pas St-Cernin, ne sait pas ce qui s'y passe , et n'a entendu parler de concussions que depuis le procès.

Me Dessauret. N'avez-vous pas entendu parler de la rivalité des familles ? — R. J'en ai entendu dire quelque chose par rapport aux professions.

Maisonnove , habitant de St-Illide , dépose que M. Bastide est honnête homme. Du reste , il n'a jamais pris de passeports , ni fait aucune déclaration de naissance ni de décès.

Antoine Lagarde, de St-Illide. On ne lui a rien demandé quand il a fait des actes à la mairie.

Il dit s'être toujours adressé au maire, jamais au secrétaire , et il est de notoriété publique que M. Bastid ne reçoit jamais aucune déclaration, et ne délivrre aucun acte de la mairie.

Rossignol, de St-Illide , garde-champêtre, a toujours entendu dire que M. Bastid est un brave homme, le père aussi ; le père était un brave homme, le fils aussi. Le témoin ne sort pas de là.

Esquirou n'a rien à reprocher, dit-il , à ce monsieur là qui a une bonne renommée. Quoique membre du conseil municipal le témoin ne va pas souvent à St-Cernin, mais il dit que tout le conseil a voté pour Gaillard quand il s'est agi de nommer un maître d'école.

Carle de St-Illide ne connaît pas particulièrement M. Bastid, mais en a toujours entendu parler avec éloge.

François Carle de St-Illide dit que M. Bastid jouit d'une parfaite considération, mais quant à lui témoin, il n'a rien entendu dire et n'a jamais pris de passeports.

Darnis, médecin à St-Illide. En ma qualité de médecin j'ai assez de rapports. M. le préfet dit un jour à M. le maire en ma présence

M. le maire, je n'ai jamais reçu aucune plainte contre vous, et j'aime d'autant mieux à le remarquer que la chose est rare par le temps qui court. Si quelqu'un vient me faire des plaintes contre vous, il sera mal accueilli; je ferai mieux, je ne le recevrai pas. »

M. *le président.* Avez-vous entendu parler de rivalité entre les notaires; d'efforts pour faire venir l'eau au moulin, comme on a coutume de le dire.—R. J'ai entendu dire que M. Bastid usait de son influence de maire dans l'intérêt de son étude.

Me *Dessauret.* Quelles sont les personnes qui vous ont dit cela de M. Bastid.—R. Je ne me rappelle pas leurs noms, mais ce sont des personnes honorables.

Sur l'interpellation de Me *Pompignac,* le témoin déclare que M. Bastid insista près du préfet pour faire accepter sa démission, que M. Delamarre lui fit beaucoup de complimens, et refusa la démission. D'après le témoin, ce fait se passait au mois d'octobre dernier, c'est-à-dire avant toute publication d'articles. Le premier n'a paru que le 15 novembre.

Me *Dessauret* interpelle le témoin sur une conversation qu'il aurait eue la veille avec l'un des témoins, avec M. Marty, juge de paix de St-Cernin. Le témoin rapporte que M. Marty lui a dit qu'il n'avait que des éloges à donner à M. le maire.

M. *Marty* s'avance, et proteste contre ces paroles. M. Darnis se trompe, continue-t-il, je n'ai pas dit cela, moi qui avais prévenu M. le maire de ce qui se passait, moi qui en avais prévenu le préfet. J'ai dit que je n'avais pas personnellement à me plaindre de M. le maire, et que ma déposition serait sans haine, mais je n'ai pas prononcé le mot d'éloge.

Elisabeth Lachazette qui a tout l'extérieur d'une grande dévotion, croit que le maire est un brave homme, mais interrogée par le président, elle répond qu'on parlait généralement des perceptions, mais qu'on les croyait dues. Elle savait, il y a un an, qu'on prenait dix sous pour chaque passeport, dix sous pour chaque déclaration de naissance et de décès.—Il y a un mois environ, étant allée faire une déclaration, elle offrit quelque chose parce qu'elle le croyait dû, mais on n'accepta rien.

Me *Delzons.* C'est tout simple, on avait décidé le procès, et c'est grâce à nous, que les concussions ont cessé.

Depouy, inspecteur des postes à Aurillac. M. Bastid m'est connu pour être un excellent administrateur. Par sa position topographique la commune de St-Cernin réclame un établissement de poste, M. Bastid l'a demandé, et j'espère l'obtenir. Il y a deux ans, Gaillard sollicita la place de distributeur. Je reçus de M. Bastid sur son compte des renseignemens favorables. — Il fut accusé une fois d'un fait qu'il n'avait pas commis, il s'agissait de l'enlèvement de la boîte aux lettres dont le facteur qui était un mauvais sujet, s'était rendu coupable.

D. Avez-vous connaissance qu'il se fit, à la mairie de St-Cernin, des perceptions illégales?—R. Je connaissais ces bruits depuis deux ans, et j'en parlai à M. Bastid.

D. Que vous répondit-il?—Il ne me répondit rien, ou du moins que ces mots: « Gaillard est un pauvre diable, c'est un bon garçon, il a des » besoins. »

Sur la demande de Me Dessauret, M. Revel est rappelé; on lui demande s'il n'était pas présent quand Raynal qui s'est plaint de perceptions illégales, a signé un certificat de moralité pour Gaillard. — M. Revel répond affirmativement, et dit que Raynal signa sans rien dire. — Et sans rien lire aussi, réplique Raynal. car *je ne sais pas lire la fine*. On me dit qu'il y avait cinquante signatures, j'y ajoutai la mienne.

Me *Delzons*. Ceci s'explique parfaitement. Il ne fut de notoriété publique que les droits n'étaient pas dûs, que lorsque nous eûmes publié la concussion. C'est en cela que nous avons rendu service à la commune.

Me *Dessauret* fait rappeler M. Auguste Vanel, adjoint à la mairie de St-Cernin, et lui demande s'il n'est pas à sa connaissance qu'on ait cherché à influencer les témoins. M. Vanel parle d'un sieur Andrieux qui rapporte des circonstances auxquelles il est impossible de rien comprendre, et que ni la Cour ni MM. les jurés, ni nos adversaires ne paraissent pas concevoir mieux que nous. (1)

L'audience est suspendue pendant quelques instans. Quand elle est rouverte, les avocats de M. Bastid qui s'étaient tenus au-dessous de leur client et en face des témoins pendant leurs dépositions, vont se placer, pour les plaidoiries, à côté des prévenus. M. Bastid et son beau-frère restent à côté du banc du jury. Me Dessauret se lève et dit que l'instant n'est pas encore venu pour M. Bastid d'entrer en lice, qu'il a voulu dérouler devant la cour d'assises les pages de sa vie qu'on avait essayé de flétrir. — Nous savions, dit l'avocat, qu'à nos témoins on pourrait opposer *des témoins complaisans*, mais nous qui sommes *aussi accusé*, nous attendrons avec confiance les coups qu'on veut nous porter pour nous en défendre. Une voix plus éloquente que la mienne, celle du ministère public va se faire entendre. Quant à nous, ce n'est que plus tard que nous prendrons la parole.

M. *Grenet*, substitut du procureur du Roi prend la parole. « Nous avions pensé, dit-il, que notre tâche diminuerait de beaucoup par le talent des avocats qui plaident pour la partie civile, et nous ne nous attendions pas à parler le premier. (Pourtant tout le monde remarque que M. Grenet lit un discours écrit). Quoiqu'il en soit, nous n'en remplirons pas notre œuvre avec moins de courage ni avec moins de conscience. Ceux qui dévoilent de grandes iniquités méritent bien de leurs concitoyens, assurément, mais ceux qui, sous l'apparence du bien, n'ont recours qu'à la calomnie qui est l'arme du lâche, ceux-là, au lieu des couronnes qu'ils convoitaient, doivent être chargés de l'indignation publique. Il ne faut pas qu'ils oublient, ni vous non plus, messieurs les jurés, que la Roche Tarpéïenne est tout près du Capitole. — S'il est vrai, comme on l'a dit depuis long-temps, que l'homme soit de feu pour le mensonge et de glace pour la vérité, c'est une raison pour que vous punissiez le mensonge.

Ici le ministère public aborde la discussion de la cause, explique l'extorsion des 40 fr. par la chaleur avec laquelle M. Bastid prenait les intérêts de son fermier. C'était, dit-il, un bon maître, aussi soigneux des intérêts de son fermier que des siens propres. Quant aux paroles du directeur des contributions indirectes, elles ne contiennent point de

(1) Il convient de remarquer que les avocats de M. Bastid ont, à chaque instant, parlé d'efforts faits pour influencer les témoins, sans pouvoir rien articuler de net ni rien prouver à cet égard, tandis que les prévenus n'ont pas voulu recourir à un pareil moyen, bien qu'ils eussent pu en tirer meilleur parti que leurs adversaires. La partie civile a cherché à attaquer la moralité des témoins qu'on lui opposait. MM. Guibert et Trélat et leurs défenseurs ne se sont jamais écartés du respect qu'on doit aux témoins. — La cause de M. Bastid était donc bien mauvaise.

menace. Les accusations de républicanisme ne sont pas mieux prouvées. Le fait des trois francs exigés pour un dommage commis dans une propriété ne constituent pas une extorsion : l'écrivain a donc été de mauvaise foi, car le sieur Bastid n'a fait qu'agir dans l'intérêt de son fermier et de sa propriété. Le fait est calomnieux et diffamatoire.

Messieurs les jurés, plus la presse doit mériter nos respects et notre reconnaissance quand elle est sincère et dévouée, plus elle mérite de sévérité quand celui qui s'en dit le ministre n'agit que dans son propre intérêt, quand il se fait hypocrite du bien public. — A vous donc d'examiner quels ont pu être les motifs secrets ou patens des attaques dont a été l'objet le maire de Saint-Cernin.

Quant aux perceptions illégales, elles paraissent avoir été démontrées, et nous remercions sincèrement les auteurs des articles d'en avoir fourni la preuve, mais pourtant, s'ils ont en même temps diffamé, ils sont coupables et doivent être punis. S'ils eussent dit seulement qu'on percevait des sommes qu'on n'avait pas le droit de percevoir, il n'y aurait peut-être que des éloges à leur donner, mais ils ont été plus loin, ils ont parlé de concussion, ils ont dit qu'il y avait un concussionnaire, il faut qu'ils le prouvent.

Nous reconnaissons que parmi les témoins on compte un grand nombre d'hommes honorables de part et d'autre, et il parait établi que le secrétaire de la mairie percevait des sommes pour les passeports et les déclarations à la mairie, mais cela prouve-t-il qu'il n'y ait pas eu diffamation ? N'est-ce pas un acte de bonté de la part de M. le maire que d'avoir conservé le sieur Gaillard : n'en trouve-t-on pas la preuve dans dans ses propres paroles : « Mon secrétaire est pauvre. » — Ces faits, quelque constans qu'ils soient aujourd'hui, n'étaient pas dans l'opinion publique. M. Bastid s'est comporté en bon magistrat en ne renvoyant pas le secrétaire de la mairie.

Quant au fait de la mutation que le maire aurait refusé d'opérer, on a déposé d'une irrégularité d'acte qui semble être la cause toute simple du refus.

Le fait d'abus de pouvoir relatif au mur est-il plus solidement établi ? Un témoin, une femme qui s'exprime dans un langage peu intelligible, est venu vous dire : « le maire nous en voudra parce que le contrat n'a pas été passé chez lui, » mais ce propos est quelque chose de bien vague, et il est impossible d'en rien conclure (1).

Ici, M. le substitut développe une théorie toute nouvelle sur le journal, sur la peine qu'on se donne de le lire, sur la pensée communiquée oralement ou par voie d'impression.—Sans publicité, dit-il, il n'y aurait qu'injure : il n'y a qu'injure tant que l'air seul est frappé, tant que la pensée demeure restreinte dans un cercle peu étendu, tant que, tant que..... (ici l'orateur reste embarrassé pendant quelque temps, et reprend après un mouvement très-remarquable du bras droit et un rire de l'auditoire) : tant que la presse n'est pas venue prêter à l'injure les formes de la diffamation. Le journaliste est celui qui produit l'attaque au grand jour, c'est donc lui qui est le premier coupable. Semblable à la personne

(1) M. le substitut se méprend étrangement sur les paroles de ce témoin, qui a rapporté que le maire avait dit : vous n'avez pas passé votre contrat chez moi, *vous me le vaudrez*, ce qui veut dire, *vous me le payerez*, le mur sera reculé, et si l'acte eût été passé chez moi, vous auriez payé moins d'impositions.

qui, apprenant un bruit, s'occupe à le répandre, c'est lui qui devient cause de tout le mal. Dans la cause, c'est M. Trélat qui est l'auteur de la diffamation, c'est lui qui est le premier coupable, M. Guibert n'est que son complice.

Dira-t-on, parce que nous cherchons à poser des limites aux excès de la presse, dira-t-on que nous sommes les ennemis de la presse? Ah! sans doute, s'il était prouvé qu'elle ne pût vivre que par la calomnie, nous n'hésiterions pas, en imitant les paroles d'un orateur célèbre, nous n'hésiterions pas à nous écrier:

« Périssse plutôt la presse que le bonheur public! »

Le journaliste est comme celui qui emploie un cheval fougueux. Il est emporté et abîmé par lui s'il ne parvient à le dompter.

A nous, fonctionnaires, la responsabilité de nos actes; à vous, journalistes, celle de vos écrits; à vous, Messieurs les jurés, celle de vos arrêts. — Si le journaliste, en cas pareil, ne pouvait être mis en cause et condamné, il lui serait toujours facile de rejeter toute responsabilité: « Je vous ai diffamé, dirait-il, c'est vrai, mais c'est un autre qui m'en a fourni les moyens. » Vous lui répondrez, messieurs les jurés, que si un autre lui a fourni des armes, c'est lui qui en a fait usage, et qui doit en répondre.

Si, au lieu de trouver devant vous ceux qui devraient y être, vous trouvez au nombre des prévenus une sorte de plastron de toutes les indignités publiques, un homme repoussé de la famille, un extravagant (1), ce ne sera pas une raison pour que vous restiez désarmés. Les preuves des imputations n'ont pas été faites, vous châtierez la calomnie; c'est à vous de faire revenir sur ses pas une foule égarée par le langage de la passion. Citoyens, journalistes, magistrats, jurés, il faut que tout le monde fasse son devoir, et que la société rentre enfin dans la paix d'où elle n'aurait jamais dû sortir.

M. *le président.* La parole est au défenseur de M. Guibert.

Me Delzons se lève, et s'exprime en ces termes:

Messieurs les Jurés,

Ma présence à la cour d'assises a quelque chose d'étrange, qu'avant tout, il faut que je vous explique comme je le sens moi-même. Ceux qui m'entendent, et ne connaissent de moi que mon jeune âge et mon impuissance, doivent se demander comment il se fait, que seul, je vienne affronter les dangers d'une lutte imposssible contre deux hommes dont la réputation plane et domine sur tous les barreaux du département, sans parler d'un troisième adversaire que je ne m'attendais pas à trouver à l'encontre de la défense. Ceux qui me connaissent personnellement, et le nombre en est restreint, doivent se demander comment il se fait, qu'assis naguères sur les bancs du collège entre Guibert que je défends et Bastid qui l'attaque, je vienne dans la solennité de cette audience rompre les liens qui m'attachaient à l'un pour resserrer ceux qui m'attachent à l'autre. Tous enfin, doivent se demander comment il se fait,

(1) Malgré l'attention la plus sérieuse il a été impossible aux prévenus, à leur conseil, à leurs nombreux amis, de rien comprendre à cette phrase de M, le substitut et lorsqu'on y a répondu comme on le devait dans la défense, M. Grenet s'est hâté d'affirmer qu'il avait été bien loin de sa pensée d'offenser qui que ce soit, et qu'il avait beaucoup d'estime pour les prévenus.

que témoin assigné dans l'affaire, je sois tout d'un coup, et à la veille de l'audience devenu défenseur des prévenus. Pour tout expliquer quelques mots suffiront.

Long-temps Guibert ne crut pas au procès, et les débats ont dit pourquoi; mais lorsque Trélat eut annoncé qu'il était cité, il fallut bien y croire, Guibert alors accourut au parquet de St-Flour, et loyalement il s'écria: *me me adsum qui feci*; accusé à son tour il lui fallait un avocat. Sans préambule il vint me dire: je compte sur toi. Cette spontanéité, cet élan du cœur, cette confiance si absolue en une affaire si grave, devait me plaire et pourtant je résistai. Je fus compris au nombre des témoins. On songea alors à opposer à nos adversaires une parole puissante et l'autorité d'une réputation déjà vieille. Un fâcheux contretemps a privé les prévenus de cette immense ressource. Le jour de l'audience approchait, Guibert revint à moi; il ne pensait pas qu'il fût besoin d'éloquence pour le *défendre*; je savais en mon âme et conscience que sa cause était juste: refuser encore eût été une lâcheté, et j'en suis incapable. Vous sentez maintenant tout ce que ma position a de pénible, car, je dois vous le dire, je ne viens pas balbutier d'une voix timide des explications qui seraient peut-être mal comprises et mal interprétées. Non, je viens remplir tous les devoirs de mon ministère. Je viens anéantir cette accusation déjà si décharnée: je viens à mon tour attaquer l'accusateur, je mettrai à nu son caractère et sa conduite, et peut-être lui ferai-je payer cher sa témérité. Une seule chose dans les débats doit fatiguer Guibert, c'est cette accusation de méchanceté, de rancune et de haine qu'on veut faire peser sur lui: hâtons-nous donc de la repousser.

Guibert n'en disconvient pas, depuis long-temps il a cessé de vivre en bonne intelligence avec M. Bastid; mais d'une brouillerie au procès actuel, il y a bien loin; s'il s'agissait d'un fait sans importance, d'une accusation sans portée, si Guibert n'eût reproché à Bastid que quelques-unes de ces velléités de despotisme si naturelles à quiconque embrasse le pouvoir dans des vues d'intérêt personnel, je concevrais que l'on ne cherchât à ses attaques d'autres causes que le désir de le tracasser. Mais a-t-on bien réfléchi à l'explication qu'on donne de l'affaire actuelle? dans ce malheureux procès on a plus d'une fois calomnié l'humanité, on a fait l'homme bien plus méchant qu'il ne l'est. Pour satisfaire un sentiment de haine, il n'est pas disposé à tant de sacrifices; pour s'exposer à figurer sur ces bancs de la Cour d'assises, à perdre sa fortune et sa liberté, il lui faut de plus puissans mobiles, il lui faut la conviction des faits qu'il dénonce, le cri de la conscience et le dévouement à l'intérêt général. N'ayez crainte que de semblables procès se renouvellent souvent, il n'est donné qu'à quelques hommes énergiques et dévoués à la cause du progrès, d'attaquer le mal dans sa racine, face à face, et de poursuivre au milieu des déboires et des vexations de tout genre leur rôle de moralisateurs. La société a vieilli, on l'a dit depuis long-temps, une organisation nouvelle se prépare, mais en attendant qu'elle arrive, il faut que ceux qui la demandent, qui en sentent le besoin, attaquent et démasquent tous les abus; il faut qu'ils dénoncent à l'opinion publique l'influence de l'argent et tous les mauvais effets qu'elle produit. Tant que durera le règne de l'agiotage, tant que le pauvre sera exploité par l'homme intrigant ou riche, aucune réforme ne sera possible, et nous languirons toujours dans les langes usés qui nous enveloppent et nous étreignent.

Guibert appartient à cette nouvelle école qu'on calomnie souvent, qui se trompe quelquefois, qui l'avoue toujours sans rougir, et n'attend que de l'avenir l'ordre qu'elle cherche et un dédommagement aux injustices qu'elle éprouve. Il sait, comme nous tous, qu'une pièce de dix sous arrachée au pauvre, à l'ouvrier, au travailleur, leur impose une privation de plus, et qu'une privation entraîne le plus souvent un blasphème contre la divinité. Il pense qu'il ne lui suffit pas de donner ses soins, comme médecin, à ceux qui souffrent, de les donner gratuitement à ceux que la misère poigne, et que comme citoyen, il a d'autres devoirs à remplir. Depuis long-temps un abus épouvantable pesait sur la commune qu'il habite ; ce chancre rongeur s'attachait surtout à ceux qui avaient le moins, il a dû l'attaquer par tous les moyens possibles, il a choisi le plus puissant. A-t-il eu tort de s'adresser à la presse? les débats ont répondu.

Dès le mois de mai 1833, le maire Bastid avait été prévenu par un fonctionnaire de son canton ; dès le mois de juin de la même année, ce même fonctionnaire avait dénoncé au préfet du département, les abus, les concussions inouies qui se commettaient à la mairie de St-Cernin. Qu'avaient produit ces avertissemens? Le même secrétaire était toujours conservé ; et le 18 novembre, trois jours après le premier article du *Patriote*, alors que l'autorité ainsi mise en demeure, devait par pudeur, suspendre son jugement, M. Bastid avait été pour la troisième fois, nommé maire de St-Cernin. Et comme si ce n'était pas assez de cette espèce de défi, jeté à ceux qui se plaignaient de l'administration de M. Bastid, un témoin, (le docteur Darnis) n'est-il pas venu nous dire que vers la fin d'octobre, M. le préfet Delamarre comblant d'éloges le maire de St-Cernin, ajoutait ces paroles dignes d'être conservées : *Si quelqu'un vient me faire des plaintes contre vous, il sera mal accueilli, je ferai mieux, je ne le recevrai pas.*

Qu'est-ce donc que ce recours aux autorités qu'on nous recommande et qu'on nous blâme de ne pas avoir tenté? chacun de nous ne peut-il pas dire bien haut: Eh! qu'importe au préfet qu'un maire se montre passionné, pourvu qu'il se passionne pour le gouvernement; qu'importe qu'il se montre mauvais administrateur et tracassier, pourvu qu'il soit un bon courtier d'élections? Dans cet état de choses, les citoyens ne trouvant dans les voies ordinaires qu'un recours illusoire, ont dû s'adresser à l'opinion publique, qui sans frais comme sans délais, blâme ou approuve, absout ou condamne, et parvient d'ordinaire à faire exécuter ses jugemens.

Après cet exorde en grande partie tiré des incidens survenus dans les débats, Me Delzons établit en peu de mots quelle est la position de chacune des parties, et s'adressant aux jurés, il dit : « On ne vous demande pas de déclarer si M. Bastid est concussionnaire, mais seulement si au milieu des circonstances qui vous ont été révélées, les prévenus ont pu lui imputer légalement les concussions qui ont été commises à la mairie de St-Cernin. M. Bastid est tout-à-fait en dehors des conséquences légales de votre verdict. Il est en cause, il est vrai, il se fait un rempart de deux célébrités, mais il n'est pas sous la dépendance de votre conviction ; écartez donc de votre esprit toute préoccupation à cet égard,

4

gardez-vous de vous dire: Si nous acquittons MM. Guibert et Trélat nous condamnons M. Bastid. Il n'en est pas ainsi. Guibert et Trélat peuvent être condamnés, mais Bastid ne peut pas l'être.

Pour avoir révélé des faits vrais, Guibert et Trélat courent le risque d'aller en prison chercher un repentir qui, j'en suis sûr, ne leur arrivera pas; Bastid, au contraire, pourra après notre acquittement reprendre le chemin de sa mairie, et vous avez entendu le ministère public vous dire que nos rangs devaient s'ouvrir pour le laisser passer. Ainsi donc, MM. les jurés, chassez les craintes que l'on a pu vous inspirer pour M. Bastid; elles pourraient avoir des résultats funestes.»

Ici Me Delzons pose les bases de sa discussion et il divise les faits en deux catégories; 1o faits personnels à M. Bastid, 2o faits dont M. Bastid est responsable et complice.

Dans la première catégorie l'avocat range l'extorsion de 40 francs, au préjudice d'Escudier, buraliste; le payement de 3 francs par le sieur Bouyssou; le refus fait par M. Bastid d'opérer une mutation sur un acte de partage passé par Me Rengade notaire à St-Illide; et la démolition d'un mur appartenant au sieur Viallard, exigée par M. Bastid, pour se venger de ce que l'on ne l'avait pas appelé pour passer un contrat de mariage. Me Delzons examine et discute chaque fait en particulier, et groupe en les analysant, les dépositions des témoins appelés pour l'établir. Après avoir démontré d'une manière très-positive et fort claire l'extorsion dont M. Bastid s'est rendu coupable à l'égard de M. Escudier, Me Delzons s'écrie:

«Ce fait, MM. les jurés, domine toute la cause, le caractère de M. Bastid vous est maintenant connu, vous savez de quoi il est capable; ce qui me reste à dire vous le fera connaître tout entier.» Abordons les autres faits; L'avocat reconnaît sans hésiter qu'en se faisant payer 3 francs par le sieur Bouyssou, M. Bastid n'a pas commis une extorsion dans la véritable acception de ce mot, mais il fait remarquer que le *Patriote* rapporte ce fait tel qu'il s'est passé, et que MM. les jurés doivent juger le fait sans s'occuper de l'expression. Poursuivant l'examen des autres faits imputés à M. Bastid, il en tire la conséquence que celui-ci fait tourner à son profit l'influence que lui donnent ses fonctions de maire, et abuse de son pouvoir pour obtenir par la crainte une clientèle que son caractère ne peut lui acquérir.

Passant à la deuxième partie de la discussion, Me Delzons dit en peu de mots quelles sont les fonctions des maires, pourquoi il ont été institués et quels sont leurs pouvoirs; il démontre que leurs fonctions doivent être essentiellement gratuites, et que l'État doit se charger de tout ce qui est relatif aux actes de l'état civil. «Mais, dit-il, comme dans les communes populeuses un seul homme ne pourrait suffire à rédiger ou expédier tous les actes de l'état civil, et qu'il serait abusif d'exiger d'un homme qui ne reçoit aucun traitement, qu'il s'occupât uniquement des affaires de la commune, l'usage s'est introduit, que les maires se donnent un aide, un secrétaire. Ce secrétaire reçoit un traitement qui est payé par la commune et voté par le conseil municipal, mais il reste toujours sous la dépendance du maire qui peut à son gré le renvoyer, comme il a pu ne pas le prendre, qui peut en changer chaque jour, ou toujours garder le même.

La loi ne parle pas des officiers municipaux et ne reconnaî pas de secrétaire de mairie. C'est le maire que le décret du 12 juillet 1807, auto-rise à percevoir 0, 30 centimes par chaque expédition des actes de l'état civil ; c'est au maire que le même décret défend, sous peine d'être *puni comme concussionnaire*, de rien percevoir pour la rédaction des mêmes actes. Le secrétaire du maire n'est qu'un scribe sous ses ordres, sans aucun pouvoir, sans aucune qualité ; c'est un meuble de la mairie. Si le secré-taire du maire perçoit des sommes indues ; s'il se rend coupable de con-cussion, le maire doit se l'imputer, il doit être responsable des agens qu'il emploie.

Un maire qui comprend ses devoirs est bien moins l'agent du pouvoir exécutif, que l'administrateur des deniers de la commune, le protecteur du pauvre et le gardien des lois. Ces principes sont si élémentaires, si vrais que personne, je pense, ne les contestera ; et maintenant si je vous parle d'un maire qui choisit pour secrétaire un homme déjà habitué aux concussions ; qui, instruit par la rumeur publique, averti par ses amis, averti par le fonctionnaire public qui partage avec lui la mission de protéger le faible, tolère la concussion, ne direz-vous pas avec moi, que cet homme, ce maire est responsable de ces concussions qu'il laisse commettre ?

Si poursuivant ma démonstration je vous montre ce maire qui tolère la concussion, l'autorisant d'une manière ouverte, patente, répondant à ceux qui se plaignent d'en être victimes : « Vous n'avez payé que ce qui était dû ; » à ceux qui lui disent : prenez garde, votre secrétaire vous compromettra ; « que voulez-vous, il a des besoins, » ne direz-vous pas avec moi : cet homme, ce maire est indigne de l'être, il est com-plice de concussion, autrement, il est concussionnaire.

Après avoir ainsi établi ces principes, Me Delzons analyse rapidement les dépositions des témoins qui ont révélé une habitude de concussion déjà ancienne à la mairie de St-Cernin. Il fait observer que dans l'impuissance de transporter toute la commune à la cour d'assises, les prévenus se sont contentés d'assigner un certain nombre de témoins pour chaque fait. Il faut remarquer l'uniformité de la perception pour les passeports, et les déclarations de naissance ou de décès, qui justifie pleinement l'expression de tarif employée par les prévenus. Il rappelle, que plusieurs témoins assignés à la requête de M. Bastid, ont eux-mêmes déposé des perceptions illégales, qu'ils croyaient très-licites. De tous ces faits, de leur fréquence, de leur uniformité, de leur publicité ; Me Del-zons tire la conséquence que le maire Bastid n'a pu les ignorer ; et abor-dant alors un autre point de discussion, il établit, à l'aide des dépositions de M. le juge de paix, du sieur Verniols, du sieur Parlanges, du sieur Ray-nal et du sieur Dupouy, que les perceptions illégales, les concussions se faisaient sous le patronage du maire ; qu'il les connaissait, les tolérait et les autorisait au moins tacitement.

Me Delzons termine sa plaidoirie par un résumé succint de toute l'af-faire et une allocution pleine de force aux jurés. Il a été impossible de la recueillir tout entière, mais tout le monde a retenu ces paroles :

« Condamnez Guibert, vous le pouvez ; faites-lui expier un acte de cou-rage par quelques mois de prison, vous le pouvez encore ; mais les résul-tats obtenus resteront, et quand il rentrera dans la commune il pourra recueillir les remercimens de tous les malheureux. Pourquoi donc puni-riez-vous ce qui mérite des actions de grâces ? »

Cette plaidoirie, que nous n'avons pu reproduire que fort imparfaitement, est suivie d'un murmure d'approbation.

L'audience est suspendue quelques instans pour qu'on ait le temps d'éclairer la salle.

A la réouverture de l'audience M⁰ Pompignac, *illustration* du barreau de St-Flour, se lève et s'exprime à peu près ainsi :

« Nous devons, avant tout, rendre grâce a notre jeune confrère, du zèle avec lequel il s'est chargé de sa cause et du talent qu'il a mis à la défendre. Notre tâche sera moins difficile que la sienne. M. Bastid a été indignement, lâchement calomnié, mais je crains bien qu'au lieu de rencontrer devant nous ses véritables calomniateurs, nous n'ayons ici que des gérans. Si nous connaissions notre calomniateur, peut-être son nom seul serait-il une réponse. M. Bastid vint nous trouver, nous demander conseil. Nous lui dîmes : Allez à Clermont, allez trouver M. Trélat, la loyauté de son caractère est connue, il ne pourra vous taire le nom de celui qui vous a diffamé. Allez à lui en chevalier Français, il vous a jeté le gant, ramassez-le. M. Bastid fit, en effet, le voyage de Clermont, il fallait procéder régulièrement, on fit à M. Trélat un acte extra-judiciaire auquel il ne daigna pas répondre. (1)

Quoiqu'il en soit, tous nos efforts pour connaître nos ennemis ne sont pas perdus, *il nous en reste deux*, M. Guibert s'est présenté *enfin*. Il a eu le droit d'appeler l'attention publique sur la vie du maire de St-Cernin, il a eu le droit de chercher à fournir la preuve de ses allégations. Ce droit nous ne le contestons pas mais nous en signalons l'abus. Nous ne blâmons par là loyauté qui consiste à attaquer franchement, mais nous détestons l'hypocrisie qui s'attache à faire sourde guerre. Quelqu'injuste que soit la diffamation, il en reste toujours quelque chose, nos ennemis le savent bien, oui nos ennemis, car il ne faut pas se méprendre sur leurs motifs. Les anciens disaient que la calomnie était précédée par l'envie à la figure blême et livide, et les anciens avaient raison. C'est l'envie qui a distillé son poison sur nous.

Vous êtes dans une profonde erreur, nous répondra-t-on, vous vous méprenez tout à fait sur notre caractère, *nous sommes des réformateurs*, nous voulons moraliser le siècle, nous voulons tout changer, tout refaire.

Quoi ! vous êtes des réformateurs, et vous commencez par calomnier au lieu de réformer, au lieu de guérir ! Nous sommes en grande dissidence sur le choix des moyens, mais peut-être cela ne tient-il qu'à la faiblesse de notre intelligence. Ne sentez-vous pas, en effet, messieurs, tout ce qu'a mérité un médecin qui a dénoncé un maire de sa commune ? Ne voyez-vous pas tout ce qu'on devra lui décerner de couronnes et d'actions de grâces ?

Toutefois il est possible que le succès trompe les plus vifs désirs comme la meilleure conscience. Vous aurez beau faire, l'estime publique sera l'apanage de M. Bastid, et il rentrera dans sa commune sans avoir passé sous les Fourches Caudines. Peut-être, à la porte même où vous attendez une ovation, aurez-vous le déplaisir de voir les rangs s'ouvrir sur son passage et les citoyens le saluer au sortir de cette audience.

(1) M. Bastid ne fit pas connaître à M. Trélat sa présence à Clermont. Il lui envoya un huissier pour lui demander le nom des auteurs de l'article, M. Trélat dit qu'il ne répondait pas à une sommation de cette nature, mais que l'auteur se ferait connaître lui-même quand il croirait devoir le faire.

Mais, si vous êtes des apôtres du perfectionnement social, comme vous le dites, nous voudrions bien voir partout la preuve de l'austérité de vos croyances. D'où vient donc, qu'après avoir pu prouver qu'un pauvre diable a pu salir sa main de quelques centimes, vous le prenez sous votre patronage? (murmures de surprise au banc des prévenus et dans l'auditoire). Me *Pompignac* continuant : C'est vrai, car les témoins l'ont dit. Eh! bien nous vous l'abandonnons, prenez sous votre protection le secrétaire de la mairie de St-Cernin, mais souffrez que nous défendions le maire que vos attaques n'atteindront pas, le maire auquel M. le préfet du Cantal adressait ces paroles : « Si on vient m'apporter » encore des plaintes contre vous, j'évincerai le calomniateur. »

Quoi donc ! pour dénoncer un secrétaire de mairie, pour révéler des abus, n'aviez-vous pas d'autres moyens ? Une déclaration au conseil municipal ne suffisait-elle pas?—Peut-être pour d'autres, mais oublions-nous donc la prédestination de M. Guibert qui ne remplirait pas sa mission si la commune ne lui devait une misérable économie de 50 c.

Comment! ceci serait vrai! comment si le journal *le Patriote* n'eût pas existé, les abus se perpétueraient encore! — En vérité, il y a des gens qui ont jusqu'à la vanité et l'ambition de *la sellette*. Mais la calomnie a toujours pour son auteur, des fruits sur lesquels il ne comptait pas.

Voilà, Messieurs, ce que j'avais à dire sur la moralité de la cause.

La rivalité est constante entre les parties, c'est là qu'il faut aller chercher la source de leurs divisions ; la source en est impure. Faut-il des couronnes en pareille affaire? Faut-il décerner le prix de la vaillance? C'est ce que vous déciderez.

M. Trélat ne nous était connu ni par le bien, ni par l'injure. Nous ne le connaissons que par la douceur de sa morale et par ses vertus de famille, et il ne craint pas de déshonorer un père de famille! Avec l'indifférence d'un journaliste, il écrit la première phrase qui se présente sous sa plume. Peu importe le scandale, peu importe l'injustice. Eh! qui sait? Peut-être y aura-t-il là quelque élément de succès pour le journal.

Je ne parlerai pas ici des précédens procès politiques de M. Trélat. On peut, en politique, succomber sans honte ou triompher sans gloire. Mais le cachet de la calomnie a toujours une mauvaise teinte.

Ici, Me Pompignac discute les faits de la cause, celui d'extorsion des 40 fr., et repousse le témoignage d'Escudier. Le reproche d'extorsion est une calomnie, dit-il, et nous tenons à ce que l'aveu de la calomnie soit imprimé dans le journal qui l'a faite. C'est pour cela que nous avons entrepris le procès ; c'est pour faire condamner les calomniateurs.

On a dénoncé, dit-on, Escudier comme républicain ; on l'a accusé de recevoir des journaux républicains. — Eh! bon Dieu ! soyez républicain si vous le voulez, mais soyez honnête homme et ne calomniez pas !

On n'a pas craint de dire que M. Bastid avait mis ces 40 fr. extorqués dans sa poche, qu'il les avait *empochés*. Comment M. Trélat qui connaît la valeur des termes, comment M. Trélat, écrivain pur et correct, a-t-il pu admettre dans son journal cette expression triviale qu'on a eu soin d'y imprimer en caractères italiques?

Mais à cette assertion mensongère que M. Bastid aurait empoché ces 40 fr., n'avons-nous donc pas à opposer une déclaration écrite?

Me *Delzons*. Comment l'avez-vous, cette déclaration, comment vous l'êtes-vous procurée? (Ici M. Cerfberr, rédacteur-gérant du journal de la préfecture d'Aurrillac, présent aux débats depuis le commencement, baisse la tête). (1)

Vous ne serez pas plus heureux, reprend Mᵉ Pompignac, sur les autres faits que sur celui d'extorsion. Qand il s'agit d'attaquer M. Bastid et de le dire malhonnête homme, *la voix vous reste au gosier*. (Rires dans l'auditoire).

Tuez, si vous le voulez, M. Bastid à coups d'épingles (nouveaux rires). (2) Tuez-le pour faire bénéficier la commune de quelque pièces de dix sous. — Mais dites-nous donc, si vous étiez si ardent pour le bien public, dites-nous donc, pourquoi vous avez commencé par des faits relatifs à Escudier, à Bouyssou, au lieu de publier sans retard ces faits de concussion que vous preniez tant à cœur. Pourquoi, si vous n'aviez en vue que l'intérêt public, disiez-vous que vous vous en seriez tenu à la révélation des premiers faits, si M. Bastid se fût borné à vous écrire une lettre confidentielle. C'était donc moins pour *les pauvres habitans* que vous éleviez la voix, que contre M. Bastid tout seul !

Pour le fait de mutation vous avez brodé l'historiette. On vous a fait patte de velours, et vous vous êtes laissé aller à une nouvelle diffamation : pour la troisième fois, *vous êtes des calomniateurs*.

Le fait du mur que M. Bastid aurait fait reculer parce qu'un contrat n'aurait pas été passé chez lui, n'a pas plus d'exactitude ; comme il est probable que M. Bastid s'amuse à recruter des actes qui lui vaudraient de la peine et aucun profit ! M. Bastid sait accomplir ses devoirs, mais il ne brigue pas, lui, la qualification *d'ami du peuple*, que d'autres recherchent avec tant d'avidité. — Vous avez encore donné une entorse à ce fait comme aux autres. — Vous êtes des calomniateurs.

Abordons l'un des faits principaux de la cause, les prétendues concussions à la mairie. Ici, il faut le reconnaître, il y a eu des abus à la mairie de St-Cernin, mais on a tout grossi, tout exagéré, on a fait couler l'encre à grands flots, on a envenimé les faits. Malheureusement ces abus sur lesquels on fait tant de bruit se passent en beaucoup d'endroits. Sera-t-on donc un héros parcequ'on les démasquera ?

Toute la question est de savoir jusqu'où sont allés ces abus. Est-ce donc chose si grave et si importante que quelques misérables pièces de 4, de 6 et de 10 sous ? — Fallait-il, pour cela, remuer jusqu'à la cendre des morts ? (3)

Il y a eu, peut-être, incurie, négligence, mais peut-on exiger de la part d'un maire, une exactitude telle, des allées et venues si constantes qu'il ne puisse plus vaquer à ses propres affaires. Avec de pareilles exi-

(1) Mᵉ Delzons avait été le conseil d'Escudier lors de son procès avec le fermier de M. Bastid, Mᵉ Delzons avait dicté à son client une lettre de paix et de conciliation dont M. Cerfberr a indignement abusé. Voyez l'explication de ce fait dans la réplique de Mᵉ Delzons, après la plaidoirie de Mᵉ Dessauret.

(2) L'*Echo du Cantal* a imprimé dans la bouche de Mᵉ Pompignac : Tuez M. Bastid à coups d'épingle si vous ne pouvez le tuer à coup de carabine. — Nous n'avons pas entendu ces dernières paroles et nous ne pouvons nous décider, sur la foi de l'*Echo du Cantal*, à mettre une si grande absurdité, en même temps qu'une allégation si odieuse dans la bouche de Mᵉ Pompignac.

(3) On ne peut savoir ce que signifient ces paroles, car il n'a jamais été question que des vivans qui donnent bien assez à reprendre dans leur conduite sans qu'on ait encore besoin de s'occuper des morts.

gences on finirait par ne plus trouver de fonctionnaires, et c'est peut-être ce qui vous ferait plaisir.

Peut-être y a-t-il eu quelques faiblesses de la part du secrétaire......

Me *Delzons* Des faiblesses ! Vous avez la manche large !

Me *Pompignac* continuant. J'entends dire que nous avons la manche large. Et vous, l'avez-vous étroite pour calomnier ?

Est-ce le fait tout simple que vous avez publié dans toute l'Auvergne ? et pourtant c'est là ce que devait faire l'honnête homme. Est-ce là ce que vous avez fait quand vous avez dit que M. Bastid est un concussionnaire.

Nous savons bien qu'en fait de liberté de presse, et avec de l'habitude, la phrase peut être construite de manière à échapper à la criminalité. On équivoque aujourd'hui parce qu'on sent que la preuve n'est pas faite.

Si l'on demandait à nos adversaires de définir un maire ; un maire ! diraient-ils, c'est un souffre-douleur ! Pour nous, nous voudrions qu'un maire fût un magistrat honoré et il ne saurait l'être sans être investi de la confiance publique.

Un caissier est responsable des soustractions de son commis..... mais il fallait établir au moins que ce maire en avait eu parfaite connaissance. Mon intention n'est pas assurément d'attaquer le témoignage de M. Marty, mais comment a-t-on osé dire ici que ses jours étaient en danger parcequ'il est venu déposer selon sa conscience..... une pareille atrocité...... *Les prévenus et leur défenseur* interrompant : » On n'a pas dit cela : personne n'a dit cela. Il ne s'agit que d'une menace de destitution. Il n'y a là aucune atrocité, mais une profonde immoralité.

Me *Pompignac* reprenant. A la bonne heure ; Mais enfin, d'où vient donc que M. le juge paix Marty, s'il connaissait les faits de concussion, ne les avait pas dénoncés avant 1833, avant l'époque des élections ? D'où vient qu'il a délivré un certificat à Gaillard en 1832 ? — Répondez-moi, accusateurs, qui était le plus coupable de M. Marty ou de M. Bastid ? — M. Bastid n'a pas voulu renvoyer Gaillard qui percevait des droits illégaux ; mais, M. Marty n'a osé lui, juge de paix, refuser un certificat de probité à ce même Gaillard dont il connoissait ce que vous appelez les concussions.

Ah ! vous aurez beau dire, nous interrogeons toute la population de St-Cernin, nous nous rappelons cet ancien militaire, ce vénérable vieillard, tout couvert d'honorables cicatrices qui est venu déposer ici, et nous crierons, de toute la force de notre voix : « M. Bastid est le plus honnête homme de sa paroissse, sans vous y compter, en vous y comptant, comme vous le voudrez.

On dit que M. Bastid a su les perceptions illégales ; mais il faudrait dire : M. Bastid a vu, a lu : c'est ce langage qu'il faut tenir, ce sont ces sortes de preuves qu'il faut apporter en pareille matière. Depuis quand l'insouciance et l'incurie sont-elles assimilées à la concussion ?

L'exagération en semblable imputation c'est de la calomnie. Voilà ce que c'est que la calomnie : je n'ai pas la manche trop large, en ce moment-ci.

Quel est celui de vous, messieurs les jurés, qui ne dira pas avec nous : « M. Bastid est un honnête homme. »

Si nous n'avions devant nous qu'un prévenu, messieurs, peut-être

nous laisserions-nous aller à la pitié. (1) Mais ici, c'est un autre sentiment qui doit nous animer, et vous aussi. On a voulu faire un tort irré-
parable à la réputation d'un honnête homme. Vous viendrez à notre aide
et vous nous ferez justice.

M. *Trélat* se lève pour répondre.

M. *le Président.* L'audience est renvoyée à demain.

AUDIENCE DU 21 FÉVRIER.

La foule est encore plus considérable que les jours précédens. La tribune des dames est entièrement remplie ; le prétoire est complètement
envahi, et un grand nombre de personnes ayant pris siège sur les
marches du tribunal et tournant le dos à la Cour, M. le Président, à
l'ouverture de l'audience, leur fait observer qu'elles ne peuvent rester
dans cette position. Les unes s'inclinent un peu de côté, on apporte
quelques sièges aux autres, et tout le monde parvient à se placer. —
M. Cerfberr, rédacteur de l'*Echo du Cantal*, journal de la préfecture
d'Aurillac, qui assiste à ces débats depuis leur ouverture, est allé s'asseoir, à cette audience, absolument en face des prévenus, audessous du
banc de MM. les jurés.

M. *le Président.* La parole est à M. Trélat.

Messieurs les jurés,

La cause de notre partie adverse n'est pas la seule qui ait excité le zèle
et la sympathie de MM. les avocats. Si la partie civile a pu compter sur
les deux orateurs les plus renommés du barreau de Saint-Flour, nous,
nous avons pu compter sur le barreau d'Aurillac et sur celui de Riom.
Car, messieurs, outre l'utile appui que nous prête Me Delzons, une
voix puissante, qui s'est déjà fait entendre deux fois dans l'intérêt de
notre journal, devait nous prêter encore aujourd'hui son assistance.
Notre cause avait inspiré un si vif intérêt à Me Bayle, il avait tellement
à cœur de prendre la défense de notre droit, qu'il a fait les plus grands
efforts pour dominer les obstacles qui le retenaient. Invinciblement
retenu en ce moment à la Cour d'assises de Riom, aussi surchargée d'affaires graves que la vôtre l'est peu, il a voulu demander lui-même la
remise de notre procès, il a écrit à ses confrères de St-Flour pour
les prier de ne point s'opposer à ce renvoi, il a même dû voir M. le président de la Cour ici présent avant son départ de Riom, pour lui exposer ses motifs : M. le président sait qu'à cette heure où je parle, M. Bayle
porte la parole dans une affaire des plus graves, puisqu'il y va de mort
d'homme.

Quoiqu'il en soit, messieurs, nous n'avons pu nous décider, nous
prévenus, à demander un renvoi sur lequel nous pouvions peut-être
compter. Nos témoins étaient assignés, nous savions qu'on nous reprochait de tenir M. Bastid dans l'impossibilité de se justifier, il nous tar-
dait enfin, plus qu'à lui, peut-être, de soutenir notre droit, de faire

(1) Ces paroles de Me Pompignac ont été niées par lui à l'audience du lendemain, mais
nous les avions fidèlement notées, nous avons nos notes sous les yeux et nous croyons d'autant
plus devoir les reproduire que nos adversaires ont oublié plusieurs fois, d'autres paroles que
nous avions également entendues et recueillies.

briller l'équité de notre cause. Nous avons mieux aimé venir devant vous avec une défense incomplète, inégale, sous le rapport du talent, que d'accepter de nouveaux délais.

Nous venons, messieurs, avec une grande confiance devant vous, car vous êtes jurés, et pour mon compte, j'ai la conviction qu'il est difficile qu'un homme, quel qu'il soit, ne devienne pas honnête dès qu'il est juré. Chaque fois que je comparais devant le jury, et cela m'est déjà arrivé assez souvent pour défendre la liberté de la presse et ma liberté individuelle, chaque fois j'éprouve un nouveau respect pour la grande institution que nous devons à nos pères. Jurés, vous êtes de bons juges, parce que vous vous retrempez sans cesse dans la raison et dans la probité du peuple, parce que votre magistrature vient de commencer et qu'elle va finir, parce que vous êtes mes juges aujourd'hui et que je serai peut-être le vôtre dans trois mois.

Jamais il ne m'était arrivé de me présenter devant le jury sans m'être beaucoup occupé de mes moyens de défense. Plus j'attendais de lui et plus je m'imaginais qu'il devait attendre de moi. Lui devait me bien juger, moi je devais ne lui refuser aucune lumière pour éclairer sa conscience. Car, faites y bien attention, messieurs, nous sommes liés ici par des devoirs réciproques, nous nous appartenons tant que nous serons ici et par-delà, faites y bien attention..... C'est un malheur pour un accusé que de subir une condamnation imméritée, mais c'est un plus grand malheur encore pour le juge qui le condamne. D'un côté, il n'y a que plaie d'argent et grande souffrance, mais sans regret et sans remords, tandis que de l'autre, il y va d'un dommage de conscience.

Toutefois, aujourd'hui je n'ai pu donner une seule minute à la préparation de ma défense. Je viens de quitter un procès pour l'autre : lundi dernier j'étais jugé par la cour royale de Riom, et son arrêt était une victoire, une victoire avec laquelle j'arrive devant vous. Ici, il faut, à la fois écouter nos adversaires, recueillir et mettre en ordre les débats pour la feuille que je rédige, il ne reste pas un moment pour méditer la cause. Eh bien! son exposé n'en sera peut-être que plus simple, la vérité, le bon droit n'ont pas besoin d'étudier et de châtier leur langage. Je compte sur votre justice bien plus que je ne sollicite votre approbation. —Soldat d'une nouvelle milice qui a remplacé la milice de la conquête, mais qui a aussi ses dangers à courir, ses fatigues, ses prisonniers et ses morts, ce ne sont point, quoiqu'on en ait dit hier, quoiqu'on en puisse dire, des aplaudissemens que je recherche, mais de la droiture de cœur. Que rien en ce moment, qu'aucune passion ne sépare votre âme de la mienne, écoutez-moi avec attention, avec probité, comme je vous parle avec confiance et sincérité, voilà tout ce que je veux, voilà tout ce que je demande.

Je répondrai, sans autre préambule, à M. le substitut du procureur du roi, puis à Me de Pompignac. J'essaierai de le faire avec calme, avec simplicité.

Si jamais, nous qui nous honorons de faire partie de l'école positive qui assure aujourd'hui les progrès de la raison publique, nous avons senti le besoin de mettre de la modération, du calme, de la raison dans nos paroles, c'est surtout depuis que nous avons entendu hier cette pompeuse déclamation et ce langage olympien à l'aide duquel on a essayé, MM. les jurés, de vous donner la fièvre.

Nous, nous essaierons, au contraire, de rendre votre âme à cette tranquillité profonde, à ce te paix de la conscience qui font les bons jugemens.
Nous essaierons, honnêtes gens que vous êtes, car nous l'avons dit, nous
ne pouvons supposer un jury malhonnête), de vous faire retrouver avec
vous-mêmes. On a beaucoup abusé et on abuse chaque jour de l'entraî-
nement de la parole : c'est avec des phrases retentissantes qu'on nous
fait de mauvaises lois, et qu'on réclame des condamnations injustes.
Nous appelons de tous nos vœux, MM. les jurés, et nous hâtons de
tous nos efforts, le moment où chacun de vous, chacun de nous ira, le
bâton sous le bras, traiter les affaires de son pays, de sa ville, de son
village, où le législateur parlera le même langage que le juré, que le
juge de paix, et où la conscience de l'honnête homme et le dévouement
du citoyen se seront débarrassés de ce vernis de fausse éloquence et de
ce mauvais clinquant qui nous fascine, qui nous éblouit au lieu de nous
éclairer. Parlons comme tout le monde et nous nous entendrons mieux. Le
jury est ennemi de toutes les déclamations. Le jury recherche le fait,
l'intention, le jury s'en prend à l'âme. Eh bien ! voyez donc notre âme.
   Nous ne vous dirons rien ; nous, du Capitole et de la roche Tarpéienne.
Nous ne songerons pas à nous justifier du reproche de *lâche calomnie*
qu'on a cru devoir nous adresser à qua re ou cinq reprises. Nous n'irons
pas rechercher si l'homme est de feu pour le mensonge et de glace pous
la vérité... (1) notre école l'a relevé de cette vieille croyance.
   Mais lorsqu'après avoir donné des éloges à la liberté de la presse, on
essaiera de flétrir cette même liberté ; « si celui qui s'en dit le ministre
» n'agit que dans son propre intérêt, s'il se fait hypocrite du bien
public, (se sont les paroles de M. le substitut »),alors nous demanderons qu'on s'explique nettement, avec la même franchise que nous mettons dans toutes nos paroles, alors nous demanderons si c'est bien de
nous qu'on a prétendu parler.
   Messieurs, il faut bien qu'un homme dont on attaque la réputation
et dont on menace la liberté, parle de lui. Je vais être forcé de le faire
quelques instans. Ce n'est pas moi qui ai choisi le terrain sur lequel on
m'appelle. — A l'époque où se préparaient les grands malheurs qui ont
accablé la France, s'élevait une génération, qui, trempée par les sou-
venirs de notre grande révolution et par les guerres de l'empire, com-
mençait à comprendre qu'il n'y a de gloire et de bonheur pour un peuple
que la gloire et le bonheur qui se fondent sur la liberté. J'appartiens à
cette génération. En 1814, au sortir du collège j'étais au service de mon
pays, en 1815 j'y étais encore, et depuis, je suis toujours resté fidèle
à la liberté, au progrès, qui est mon culte, ma foi, ma religion.
   Durant les longs jours de deuil de la restauration j'étais dans le camp
de Lafayette, de Dargenson, de Dupont de l'Eure et de tout ce que la
France comptait de citoyens dévoués aux principes de 89 : je fus leur
complice, je fus leur ami. — J'ai 39 ans, il y a 25 ans que je me connais,
j'ai toujours suivi la même ligne, je porte à qui que ce soit le défi de me
signaler une contradiction politique dans ma vie, et je m'en applaudis
chaque jour, car chaque jour je reconnais que la vérité est avec nous. Dès
1820 nous prédisions la révolution de 1830 : ceux qui prophétisaient alors
longue durée à la monarchie de droit divin, ont reconnu plus tard que
nous avions raison. Nous sommes dans le vrai, car les hommes devien-

(1) Toutes expressions du ministère public.

nent chaque jour plus libres et plus pénétrés du sentiment de leur droit; nous sommes dans le vrai, car ceux qui nous abandonnent quelquefois par calcul ou qui restent fatigués en arrière, reviennent de temps en temps avec nous qui marchons invariablement au même but. C'est parce que nous ne le perdons pas de vue, c'est parce que la foi brûle nos cœurs que nous sommes si inébranlables, c'est pour cela que nous endurons, nous et nos amis, nous et nos frères, la persécution, quelle qu'elle soit, heureux de souffrir pour une cause comme la nôtre.

Notre cause, elle a tous nos respects, tout notre amour, tout notre dévouement. C'est une sœur que nous entourons de tous nos efforts pour la défendre, c'est une mère à laquelle nous consacrons toute notre reconnaissance, et pour laquelle nous sommes toujours prêts à mourir avec joie. C'est pour cette sœur, c'est pour cette mère que nous avons repoussé l'ennemi en 1814 et 1815, que nos mains ont pressé les mains de Bories et de Berton en 1822, que nous avons pris les armes en 1830, et que nous nous maintenons sur la brèche, sous le feu des parquets royaux, au risque d'être traités comme des malfaiteurs, parce que nous nous permettons de dire qu'il n'y a d'autres malfaiteurs que ceux qui oppriment les autres.

C'est encore parceque nous sommes toujours convaincus, décidés, dévoués, et nous avons le droit de le dire, éprouvés que nous sommes durant la principale partie de notre existence, en ce qu'elle avait de plus vivace, de plus actif, et de plus viril, c'est pour cela qu'en appelant tous nos frères à nous, nous regardons en pitié profonde les hommes qui nous injurient chaque jour. (1).

Ces hommes, où sont leurs gages? Quelle sanction peuvent-ils donner à leur parole? Nous, nous avons nos morts, nos prisonniers de Sainte-Pélagie, de la Force, de Clairvaux, et du Mont-saint-Michel, notre culte, nos tombeaux de 1822 et nos tombeaux du Louvre. — Eux! qu'ont-ils? ils n'ont quelqu'apparence de force et quelque langage possible qu'en s'appuyant sur nos œuvres, en parlant de liberté et en faisant résonner de temps en temps le mot solennel de 1830.

Impies! ne remuez pas les cendres de ceux qui dorment au Louvre, car les puissans actuels de la terre n'ont de force que par eux, et ils ne leur ont pas encore élevé une tombe!

Messieurs, ce sont ceux qui recueillent sans avoir semé, ceux qui devraient trouver dans tous nos actes, lire dans tous nos écrits la preuve de notre dévouement, de notre amour pour le peuple, qui injurient le peuple en nous et nous mêlent à tous les outrages qu'ils dirigent contre le peuple! — Les ouvriers qui travaillent avec vertu pour élever leurs familles, ils les appellent « les sicaires du *Patriote*, la population prête à nous servir un jour d'émeute. » — Ils s'abaissent jusqu'à imprimer contre nous ces abjectes paroles : « Le *Patriote* ne doit pas être gras, s'il » ne s'engraisse que des rétributions de son peuple! » (2) (mouvement.)

Eh bien! messieurs, ce n'est pas de la colère, ce n'est pas de l'esprit de vengeance qu'excitent en nous ces accens de folie.

(1) En prononçant ces paroles M. Trélat arrête sa vue sur le rédacteur de l'*Echo du Cantal* placé en face et au-dessous de lui. Ce dernier paraît éprouver le plus grand embarras et cherche à le dissimuler en prenant quelques notes.

(2) Toutes ces expressions, toutes ces phrases sont textuellement empruntées à l'*Echo du Cantal*, journal de la préfecture d'Aurillac, rédigé par M. A. E. Cerfberr.

Puisse la lumière de la vérité, puissent les saintes inspirations de la vertu guérir ces insensés de leurs souillures présentes! Dieu de liberté, Dieu de vérité, éclaire-les, ouvre leur âme à la lumière, leur cœur a la vertu!

Le vœu que nous formons là pour les organes de la presse, nous le formons pour toutes les parties de l'ordre social, pour tous les hommes, pour la guérison de toutes leurs plaies. — Ecrivains déchus, grands et petits tyrans, magistrats prévaricateurs, administrateurs concussionnaires, tant que vous persisterez dans la voie du mal, nous vous attaquerons sans pitié!

Ce n'est pas à dire, pourtant, que nous vous repoussions de notre sein. Notre cause est la seule qui soit assez large pour admettre tous les hommes sous les bienfaits de l'égalité, mais les hommes incapables d'apporter la contagion dans nos rangs, entendons-nous bien. Ce qui fait la force de tout agent de progrès, c'est l'inaltérable pureté de son noyau moralisateur. Son ver rongeur, ce serait la corruption. Il faut l'y soustraire. Régénérez-vous, nous vous ouvrirons nos bras, nous hommes d'espérance, nous à qui personne ne refuse le patrimoine de l'avenir (on ne dispute que sur le temps), nous vous presserons fraternellement sur notre cœur, plus heureux encore que lorsque nous embrassons un ami, car celui-là n'avait rien à gagner; mais la bienvenue d'un ennemi converti, c'est une joie dans le ciel et un bienfait sur la terre, c'est une conquête de la raison que Dieu nous donne, c'est le genre de victoire dont s'honore le plus notre époque.

Messieurs, c'est à nous qu'on a demandé si « nous agissions dans notre propre intérêt, » c'est de nous qu'on a demandé si nous n'étions pas « les hypocrites du bien public. » (1) Vous avez déjà pesé la valeur d'une pareille attaque.

Que signifient ces paroles : « Pour les perceptions illégales, nous remercions sincèrement les auteurs des articles qui les ont révélées.....» (Voilà ce qu'on a dit)..... Puis des réquisitions légales contre nous qui sommes, dit-on, des diffamateurs.

Nous ne comprenons rien à cet imbroglio. Nous ne comprenons rien à ce mélange indigeste et incohérent de toutes les doctrines, de tous les sentimens qui se heurtent et qui se font la guerre.

De la franchise, messieurs, l'époque en est venue! Aux hommes du parquet les arguties du parquet; à vous, messieurs les jurés, la franchise et la loyauté. Nous mettons notre âme à découvert devant la vôtre. Examinez, car, nous l'avons dit, c'est un grand malheur qu'un juge vienne à se tromper. Ou nous avons fait une bonne action ou une mauvaise. Regardez, il y va de votre conscience, et c'est moins encore nous que vous que cela regarde, entendez-vous bien ?

On a bien voulu confesser qu'il y a des témoins honorables de part et d'autre.

Nous aurions pu vous amener quatre cents témoins, nous en avons amené quarante, parce que nous ne pouvions déplacer tous les habitans. Le rôle de lutte et d'opposition contre le pouvoir est déjà assez fatigant et assez rude pour qu'on sache quelque gré à ceux qui l'acceptent et qui ne plient pas sous le faix.

(1) Paroles du ministère public.

De la franchise, messieurs, nous l'avons dit : ce n'est pas ici un procès civil qu'on nous fait, c'est un procès politique dans lequel on a trouvé moyen de renforcer nos adversaires ordinaires de deux nouveaux athlètes, pris dans les rangs de ceux qui nous prêtent ordinairement leur assistance.

Oui c'est un procès politique, vous dis-je, c'est la suite de nos procès de novembre, de mai, d'août de l'année dernière, c'est la suite de ce procès qu'on croyait décisif et par lequel on voulait nous exterminer lundi dernier devant la Cour royale de Riom.

On voulait que nous fussions morts avant ce dernier procès, on voulait ne traduire ici que notre ombre et on a été complètement déçu dans les combinaisons qu'on avait faites. Nous vous expliquerons cela tout-à-l'heure.

On avait essayé de nous porter un coup terrible, on nous avait dépossédés de notre imprimeur. On en avait fait notre ennemi, notre ennemi le plus dangereux. Eh bien! la Cour royale de Riom est venue au secours de la liberté de la presse, et a rendu lundi dernier un arrêt mémorable, avec lequel nous nous présentons devant vous. Vous ne serez ni moins fermes, ni moins français, vous jurés, que les conseillers de la Cour royale de Riom.

Je ne répondrai pas plus à la charmante théorie qu'on a essayé de faire du journal, aux commentaires sur la peine de le lire, à l'injure qui devient calomnie par l'impression, et qui n'est qu'injure tant que l'air seul est frappé, tant que..... (1) tant que la presse est immobile, tant qu'elle ne s'est pas emparée d'une parole incertaine; je ne répondrai pas plus à ces ingénieuses distinctions qu'à celle du journaliste et de son correspondant, qu'à la distinction du Capitole et de la roche tarpéïenne.

Je me garderai bien également de m'écrier avec M. le substitut : « périsse plutôt la presse que le bonheur public! » Oh Dieu me préserve d'une pareille hérésie, parce qu'il est inutile de faire une supposition absurde. J'ai peu de goût pour la métaphore, et je ne vois pas ce qu'elle peut avoir à faire ici. Il n'est pas nécessaire que la presse périsse pour le bonheur public. La presse est aujourd'hui, quoi qu'en puisse dire la vieille école du siècle de Louis XII ou de Louis XIII, l'agent civilisateur et l'âme de notre époque. Permis à quiconque ne lit pas, ne pense pas, ne réfléchit pas, d'avoir à cet égard un autre système. Il y a bien eu des gens qui ont nié le mouvement et le soleil : pourquoi n'y en aurait-il point qui nieraient la presse.

Nous, sans rechercher si le journaliste est comme celui qui emploie un cheval fougueux, ce que nous aurions fait, tout au plus, dans notre classe de réthorique, nous dirons, dans toute la sincérité de notre conscience et toute l'ardeur de notre foi : « Vive la presse, pour le bonheur » public, la presse qui peut seule assurer le repos et le bonheur com- » muns, la presse qui est aujourd'hui la voix d'en haut! Entendez-vous » cela ? »

Nous ne mettrons guère plus de soin à rechercher qui on a voulu désigner par ces mots : » réfléchissez un peu s'il n'y a pas ici comme un plastron de toutes les indignités publiques, s'il n'y a pas un fou, un extravagant repoussé de toutes les joies de la famille.....

(1) Ici M. le substitut s'était tellement embarrassé dans sa période qu'il a eu la plus grande peine à en sortir.

Ce sont choses qui sont au-dessus de notre vulgaire intelligence.

Toutefois nous voudrions, nous le répétons, qu'on se montrât un peu plus franc et plus explicite dans ses paroles. Si l'on pense qu'il y ait ici quelque fou, qu'on le nomme, qu'on le désigne haut, au lieu de s'envelopper dans un langage mystique qui n'est plus de notre temps.

Messieurs, je vous ai promis la preuve qu'on nous fait un procès politique. Ma preuve, la voici :

M. Trélat est coupable, dit-on, d'avoir diffamé M. Bastid.

M. Guibert est son complice.

Lorsque je reçus, à Clermont, ma citation devant la Cour d'assises de St-Flour, on ne me laissait que fort peu de temps devant moi, une douzaine de jours, autant que je puis me rappeler. Je ne devais pas perdre de temps pour me procurer mes moyens de défense, et afin que tous les témoins pussent être assignés et que le parquet ne pût pas prétexter d'ignorance, car enfin, ce parquet peut fort bien ne pas lire les journaux, puisque M. le substitut parlait hier de la peine que donne un pareil travail, j'écrivis à M. le procureur du roi de St-Flour la lettre suivante :

Clermont, 3 février 1835.

Monsieur le procureur du Roi,

Je reçois aujourd'hui une citation pour comparaître le 19 de ce mois devant la Cour d'assises du Cantal. Je m'attendais à être préalablement cité devant M. le juge d'instruction auquel j'étais autorisé à faire connaître l'auteur des articles que j'ai regardé comme un devoir de publier, et qui sont la cause du procès que m'intente M. Bastid. *Le Patriote* de demain, dont j'aurai l'honneur de vous adresser un exemplaire contient une lettre de M. Guibert, docteur médecin à St-Cernin, qui assume sur lui toute la responsabilité des articles dirigés contre M. Bastid. Je ne puis douter que vous ne vous empressiez de faire en cette circonstance tout ce qui est indispensable pour que l'attaque dont je suis l'objet soit aussi loyale que le sera la défense.

Veuillez recevoir etc.,

TRÉLAT.

Je reçus la réponse ci-après.

Saint-Flour, le 5 février 1835.

Monsieur,

J'ai reçu la lettre par laquelle vous me faites savoir que M. Guibert, docteur en médecine à St-Cernin, est l'auteur des lettres qui ont été insérées dans votre journal, et qui servent de base à la plainte portée devant moi. Vous vous plaignez de ne pas avoir été appelé devant M. le juge d'instruction à qui vous auriez pu faire connaître l'auteur des articles incriminés; mais vous savez, monsieur, que je n'ai point dû réclamer cette formalité non exigée par la loi, parce que votre refus à la sommation qui vous a été faite au nom du sieur Bastid, le 16 janvier dernier, a dû m'inspirer la pensée que vous vouliez ou assumer sur vous la responsabilité, ou ne faire connaître qu'aux débats le nom de votre correspondant. Vous avez pu remarquer en

outre que l'époque rapprochée de l'ouverture des assises m'imposait la néces
sité d'agir rapidement, et qu'en laissant entre la citation et la comparution
un intervalle plus long que celui de dix jours fixé par la loi, c'était vous
donner plus de temps pour recueillir les témoignages et les moyens de défense qui pouvaient vous être nécessaires. *Ces faits m'autorisent à penser
qu'en me parlant de la loyauté de la défense, votre intention n'est point d'exprimer le doute sur celle de l'accusation.*

La responsabilité des lettres dénoncées ne doit peser que sur leur auteur:
mais celle du gérant ne peut disparaître que par la preuve *légale* qu'il est
étranger à la rédaction de ces lettres. Vous sentez qu'il s'agit ici d'une preuve
tout à fait en dehors de la confiance que peuvent inspirer la lettre que vous
m'avez adressée, et l'article compris dans votre numéro d'hier. Cette preuve
ne peut être admise par la Cour d'assises qu'autant qu'elle résultera *soit de
votre déclaration faite aux débats, et en présence du sieur Guibert*, soit de la
remise actuelle des lettres originales que vous a adressées ce dernier. A défaut
d'une telle preuve, la dénégation du sieur Guibert suffirait pour désarmer
l'accusation.

Dans cette circonstance, le dernier parti, *celui de la remise des lettres*,
est le seul moyen d'éviter votre voyage à St-Flour, et, comme encore il faut
donner un caractère judiciaire à cette remise, je m'empresse de vous en
transmettre avis. J'écris à mon collègue de Clermont pour le prier de vous
faire faire à ma requête une sommation à cet effet, avec déclaration qu'en
cas de remise des lettres je me *dépars* de l'assignation qui vous a été donnée
le 3 du courant, comme aussi, en cas de votre refus, je persiste dans cette
même assignation.

Veuillez recevoir, Monsieur, l'assurance de ma
considération,

Le Procureur du Roi,

DE FRÉMINVILLE.

Comme cette lettre me l'annonçait, je reçus, non pas de prime abord
la visite d'un huissier, mais d'abord celle de M. le greffier du tribunal,
que M le procureur du roi de Clermont, eut la complaisance de me dé-
puter, pour me demander si j'étais disposé à obtempérer à la demande de
M. de Fréminville. Je remerciai poliment M. le greffier de sa démarche;
mais je lui dis que rien n'avait pu autoriser qui que ce fût à me demander de livrer mes correspondances, et je fis à l'huissier, qui ne tarda
pas à venir, cette réponse que je tiens à la main sur la copie qu'il me
laissa : « Si j'ai dû, pour me conformer à l'intention du signataire des
» pièces dont il est question, imprimer dans *le Patriote* du 4 février,
» la lettre par laquelle M. Guibert, médecin, réclame la responsabilité
» des articles publiés sur le sieur Bastid, il n'est dans mon caractère ni
» dans mes habitudes de livrer à la justice les pièces de correspondances
» qui me sont adressées; je refuse de commettre un acte qu'aucun de
» mes antécédens ne donnait droit d'attendre de moi, et c'est à l'accu-
» sation d'aviser, en cette circonstance, à ce qu'elle croira devoir faire
» pour qu'elle soit aussi loyale que le sera la défense. »

Ainsi, vous le voyez, messieurs, le 5 février, M. le procureur du
roi, le chef de M. le substitut qui porte ici la parole, me donnait deux

moyens d'échapper à la responsabilité des articles publiés sur M. Bastid. Le premier de ces moyens, je ne l'ai pas accepté parce qu'il ne me convenait pas d'en faire usage, mais le second, il n'eût pas dépendu de moi de l'empêcher, car, rien au monde n'eût pu engager M. Guibert à désavouer les articles dont il était l'auteur.. — Eh bien ! le 5 février, toute responsabilité disparaissait pour moi, par la présence et par la déclaration de M. Guibert. D'où vient donc que le 19 tout est changé, d'où vient donc qu'aujourd'hui je suis le premier coupable et que M. Guibert n'est plus que mon complice ? — Qu'est-ce donc que le parquet, si du 5 au 19 on y change si vite de détermination et de doctrine en si grave matière ? (Mouvement au banc des jurés).

Messieurs, faut-il à défaut de certitude, chercher une explication à tout ceci ? Je vous l'ai dit, on croyait que le journal serait mort par impossibilité de se faire imprimer, quand le jour de ce procès serait venu. Alors on tenait peu à le faire intervenir dans ces débats; mais maintenant qu'il vient de se consolider par une nouvelle victoire, ne faut-il pas lui livrer de nouveaux combats, et n'est-ce pas une bonne fortune que de le mettre aux prises avec le parquet, soutenu de la puissance oratoire de deux avocats ? c'est un avantage qui ne se présente pas tous les jours. Ne serait-ce pas un éclatant succès pour le pouvoir qu'une condamnation pour diffamation contre un journal qui tient, avant tout, à sa réputation d'honneur et d'amour de la vérité ?

Voilà pourquoi et comment ce procès est vraiment politique. C'est encore une attaque dirigée contre notre existence, contre le droit que nous avons de publier notre pensée.

Eh bien ! je vous le dis et j'ai le droit de vous le dire, (regardant M. l'avocat du roi) votre attaque est déloyale ! »

Au bout de quelques instans, M. *le président* fait observer à M. Trélat que la déclaration de désistement de M. le procureur du roi ne pouvait être que le résultat d'une erreur, la présence du correspondant en pareille matière ne pouvant effacer absolument la responsabilité de l'éditeur. M. Trélat continue ainsi :

Permettez-moi de vous faire observer, M. le président, que le magistrat qui m'écrivait est un jurisconsulte auquel on reconnaît une instruction profonde: on vient de lui rendre hommage en l'appe'ant au nombre des conseillers de la Cour de Riom. La connaissance des lois est même le genre d'instruction qui caractérise le mérite de M. Fréminville; il y avait tout lieu de penser qu'il ne se trompait pas. Mais de plus, il n'est pas le seul qui se soit exprimé à cet égard. Son substitut ici présent a déclaré en présence de plusieurs personnes en ce moment à cette audience, qu'il se départait de toute action contre moi; et enfin, quelle que pût être l'erreur commise, il dépendait de moi d'en profiter : le désistement qu'on m'a offert m'était acquis si j'avais eu la conscience un peu plus souple, la manche un peu plus large comme on le disait hier. — Mais, messieurs, finissons ce débat. Je n'ai voulu appeler votre attention sur ce fait que pour vous donner la mesure de *la haute raison*, et de *la moralité* des actes du parquet. Jugez, par ce détail, de l'accusation dans son ensemble. J'ai voulu vous édifier sur son compte, mais loin de moi la pensée d'avoir voulu séparer ma cause de celle de M. Guibert. Avant de venir ici je ne le connaissais pas, mais j'approuvais sa généreuse résolution de livrer à la publicité les concussions dont son pays était victime.

Depuis que je l'ai vu, l'estime qu'il m'avait inspirée n'a fait que s'accroître, et je m'honore d'être venu m'asseoir à côté de lui, pour défendre les intérêts des pauvres de sa commune.

Maintenant voyons Me de Pompignac, l'un des avocats de M. Bastid. Voyons, messieurs.

Nous sommes, selon lui, de lâches calomniateurs...... de lâches calomniateurs !

Ce mot est bien dur, quand l'accusé vient d'ouvrir son âme à ses juges. — Mais je dis, moi, que ce mot est faux, et que c'est là qu'est toute la *lâche calomnie*.

La lâche calomnie, c'est l'œuvre de celui qui se cache, mais il n'y a jamais lâcheté, entendez-vous bien, de la part de celui qui se montre au grand jour. Or, je me suis toujours montré, j'accours, au sortir de la Cour royale de Riom pour répondre à votre duel, puisque vous nous avez prononcé ici le mot de duel, assurément fort peu parlementaire et fort peu judiciaire, j'accours, et ma poitrine aussi bien que mon âme ont toujours été accessibles à tous. Je ne suis pas un lâche, entendez-vous bien ? C'est une lâcheté que de m'appeler un lâche sous la sauve-garde de la robe noire et de l'inviolabilité de la Cour d'assises.

« Je crains bien, a-t-on dit, que nous n'ayions ici que des gérans. »

Des gérans, oui, je suis gérant du journal que je rédige, mais aucune pensée n'y est insérée par complaisance ou *par ordre*. Il est bon que tout le monde m'entende dans cette enceinte. (Ici le rédacteur de *l'Echo du Cantal* baisse tout à fait la tête sur son papier, et paraît fort assidu à prendre ses notes).

« Mais enfin, gérans ou non, *il nous en reste deux*, s'est-on écrié avec » une sorte de joie. » *

Messieurs, nous ne voulons pas jeter de paroles irritantes dans cette enceinte, mais celles-ci : « il nous en reste deux », nous ont involontairement rappelé les mêmes mots que nous avons entendus de nos propres oreilles, dans d'autres temps, dans des temps bien malheureux, à la Cour d'assises de Poitiers lors de la condamnation du général Berton. — Est-ce que ces temps-là reviendraient ?

Non, cela n'est pas possible, et nous vous le dirons avec toute notre franchise habituelle, nous ne croyons pas que les mêmes époques se refassent. Nous attendons même mieux du légitimisme actuel. Aujourd'hui, les fils de ceux qui se sont égarés alors, sont de jeunes hommes comme nous qui vivent dans notre milieu, qui respirent l'atmosphère de liberté que nous respirons, et qui ne peuvent se refuser toujours à comprendre leur époque.

M. Guibert s'est *enfin* présenté, a-t-on dit, messieurs. — M. Guibert est bien loin d'avoir mérité cette imputation..... *enfin*.

M. Guibert ne s'est jamais caché. Je l'ai toujours connu, moi, dès l'origine de la correspondance. C'est parce que j'ai l'habitude de ne point mettre inutilement et hâtivement aux prises les passions des localités que j'ai tu son nom, tant que j'ai cru nécessaire de le faire. Toutes

6

ses lettres étaient signées ; c'est par moi seul et de ma propre volonté, non de la sienne, que son nom n'a pas été publié avec ses lettres.

« Si nous connaissions, avez-vous dit, notre calomniateur, son nom » serait peut-être une réponse suffisante. »

En vérité, il faut que l'habitude de la duplicité soit bien enracinée dans nos mœurs pour qu'alors même qu'on a la vérité sous la main on éprouve le besoin de supposer le mensonge ! Quoi donc ! vous avez un auteur qui se montre au grand jour, et qui vous crie, comme Delzons vous l'a dit : « Me me adsum qui feci..... » Quoi ! vous avez deux gérans, il vous en reste deux, comme vous l'avez dit vous-même, et cela ne vous suffit pas ! Que voulez-vous donc ?—Il vous faut supposer des machinations, des mystères, des trames ténébreuses. Eh bien ! nous vous le disons l'un et l'autre, et au nom de notre école, ce n'est pas comme cela que nous concevons les choses. Notre langage est plus net, à nous. Guibert a écrit les lettres, moi je les ai publiées, et nous sommes loin de nous en repentir, nous avons la conviction que nous avons bien agi : voilà tout.

Mais, Messieurs, sans nous arrêter à ces misérables interprétations, parlons d'autre chose.

« M. Bastid, vous dit M. de Pompignac, M. Bastid est venu nous voir, » nous consu'ter, et nous lui dîmes : vous n'avez qu'une chose à faire : » allez voir M. Trélat en chevalier français. Il vous a jeté le gant, ra- » massez-le. »

Eh bien ! Messieurs, on nous a dit, et nous avons appris par la plaidoirie de son avocat, que M. Bastid est venu à Clermont, mais il n'est pas venu nous voir en chevalier français ni autrement. Il n'est venu nous voir en aucune manière (rire général dans l'auditoire).

Nous avons reçu, il est vrai, ...

Me Dessauret interrompant. Vous n'avez pas pu ignorer la présence de M. Bastid à Clermont.

M. Trélat. Complètement. La seule manière pour lui de me la faire connaître, c'était de suivre votre conseil et de venir me voir.

Me Dessauret. Mais l'acte extra-judiciaire qu'il vous a signifié indiquait son domicile.

M. Trélat. Pas le moins du monde. Faisant élection de domicile, y était-il dit, chez M. le procureur du roi.....

Me Dessauret. Chez M. Conchon.

Me Trélat. Ou chez M. Conchon, c'est possible. Eh bien ! que voulez-vous inférer de là. Est-ce qu'on peut signifier un acte sans faire élection de domicile ?

Lorsqu'on m'a interrompu, je commençais à vous parler de l'acte extra-judiciaire de M. Bastid. Je ne pensais nullement, je le répète, qu'il me fût envoyé par M. Bastid sur les lieux. S'il fût venu me trouver, je savais les intentions de M. Guibert, il eût été ridicule de ma part de ne m'y point conformer : je n'avais aucune raison pour ne pas répondre franchement à cette question franche de M. Bastid : « prétend-on m'attaquer sous le voile de l'anonyme ? » — Je lui aurais prouvé à l'instant même, et cela fort poliment, en chevalier français, comme l'a dit M. l'avocat, qu'il n'y a pas d'anonyme en tout ceci. Je ne me suis pas cru autant obligé envers l'huissier que m'envoya M. Bastid. Je le reçus poliment aussi parce que j'ai l'habitude de recevoir tout le monde avec politesse, mais je ne livre pas les noms de mes correspondans sur sommation d'huissier.

Je dis mieux, Messieurs, c'est que ce moyen, cette publicité opposée à la publicité, était la voie la plus sûre, la seule qu'eût dû suivre M. Bastid, et c'est ici le lieu d'exprimer notre opinion tout entière en fait de liberté de presse.

Assurément, c'est chose grave que de publier des faits qui compromettent l'honneur d'un citoyen, mais c'est chose plus grave encore que de laisser se perpétuer des faits qui compromettent l'intérêt public. Toutes les fois que l'écrivain reçoit la révélation d'un acte ou d'une série d'actes de cette nature, c'est à lui d'examiner la question sous toutes les faces, d'apprécier la valeur de ses autorités et de prendre consciencieusement sa détermination. Ce que je puis et ce que je dois dire ici, c'est que je prends toujours consciencieusement la mienne. Il est impossible que l'homme ne se trompe jamais, je fais en sorte de me tromper le moins possible, et quand ce malheur m'arrive, je m'empresse de 'e reconnaître. Toutefois, Messieurs, la presse, la publicité sont une si admirable puissance qu'elle porte avec elle le remède de ses propres erreurs, et je le dis ici hautement, j'accueille avec d'autant moins d'hésitation les renseignemens qui me sont envoyés, que leur mise au jour fournit un juge respectable, le public, à celui qui n'en avait pas, et qui devait en désirer. Si les faits sont vrais, la révélation en rendra la continuation ou le retour difficile; s'ils sont faux, leur production à la lumière mettra l'accusé en mesure de prouver son innocence, elle substituera une instruction publique à l'action lente et sourde de la calomnie; ce ne sera plus l'envie rampante, blême et livide (1) dont on vous parlait hier, l'envie à l'œil terne et louche si l'on veut, au front cadavéreux (on rit), qui versera ténébreusement ses poisons sur la vie d'un citoyen : ce sera la presse aux cent yeux, la presse toute resplendissante de franchise et de lumière qui lui dira face à face : «Corrige-toi si tu es coupable, mais si tu es innocent prouve-le et compte sur moi pour t'aider à publier tes preuves.» La presse est comme cette arme enchantée qui avait le don de guérir les blessures qu'elle avait faites.

Oui, messieurs, si M. Bastid fût venu me trouver, me prouver que les faits avancés étaient mal fondés, le Patriote lui était ouvert. Je dis plus: s'il m'eût écrit une lettre destinée à être publiée, s'il se fût adressé à son juge, au public, je me serais empressé, et il était de mon devoir de le faire, de lui fournir les moyens de s'expliquer. Alors les deux parties avaient la parole : le juge se serait prononcé, voilà comme je conçois la presse.

Mais au lieu de cela, qu'a fait M. Bastid? Vous allez le savoir.

Il m'a écrit, il est vrai, mais une lettre en tête de laquelle il a eu soin d'écrire le mot confidentielle. Je n'ai pas besoin de dire que je ne me suis nullement cru obligé de respecter en cette circonstance la confidence de M. Bastid, et beaucoup moins encore depuis le procès qu'auparavant. — Cette lettre, au moins, était ma propriété à moi, car elle m'était adressée, ce n'est pas un dépôt que j'ai violé, (2) c'est une lettre à moi apparte-

(1) Paroles de Mᵉ de Pompignac.

(2) Le rédacteur de l'Echo du Cantal baisse la tête et prend des notes. Voyez les explications fournies par Mᵉ Delzons dans sa réplique.

nant dont je vais vous donner lecture pour défendre ma liberté menacée par l'auteur de cette lettre.

Je ne perdrai pas mon temps à faire remarquer les fautes d'orthographe de M. Bastid, notaire si habile de son arrondissement, de M. Bastid si prompt à critiquer les actes de ses confrères, mais voyons un peu ce qu'il m'écrit, quand il est sous le poids d'une accusation d'extorsion.

A monsieur Trélat, rédacteur en chef du *Patriôte*, à Clermont-Ferrand.

St-Cernin, le 21 novembre 1834.

Confidencielle.

Monsieur le rédacteur

Dans votre numéro du 15 de ce mois, dans un de vos articles, vous rendez hommage à la publicité, je suis parfaitement de votre avis, aussi à mon tour devrai-je avoir recour à cet immense bienfait, pour venir me blanchir à vos yeux de ces calomnies (absurdes dont a bien voulu vous entretenir un de vos correspondants qui ne peut être animé, contre moi, que par la jalousie la plus haineuse, et quoique vous soyez en garde contre tout acte de partialité, veuillez, monsieur, redoubler d'efforts et vous informer de la conduite de mes calomniateurs.

Si j'ai rempli l'office de conciliateur dans une affaire qui concernoit mon fermier, je ne l'ait fait qu'après les instances réitérées de son adversaire il me seroit inutile de rappeler ici les faits qui sont connu de tout mon canton, et cela me suffit :

Veuillez, monsieur, recevoir les plaintes de la défense après avoir reçu celles de l'attaque et me croire

Votre très humble serviteur

Bastid maire de St-Cernin Cantal.

Veuillez faire bien attention, messieurs, que M. Bastid était publiquement accusé d'extorsion quand il m'écrivait cette lettre confidentielle. On l'attaquait au grand jour, et il se cachait pour répondre. Si j'eusse pu, auparavant, concevoir quelques doutes sur l'exactitude des faits qu'on lui reprochait, dès-lors toute incertitude disparaissait pour moi. Il était clair que M. Bastid n'avait voulu que me circonvenir, il était clair qu'il craignait d'autres révélations. Elles ne se firent pas beaucoup attendre : j'allai de l'avant, je fis mon devoir. — Et ne croyez pas qu'on mit un grand empressement à nous faire un procès : M. Bastid y était fort peu disposé, il a fallu qu'il y fût contraint. Nous avons lu un jour dans *l'Echo du Cantal* que M. le préfet d'Aurillac avait mandé devant lui M. le maire de St-Cernin et que le maire de St-Cernin allait nous poursuivre.

» Nous voulions attendre, a dit Me de Pompignac, nous ne voulions » poursuivre que le vrai coupable. Nous ne tenions pas à faire un procès » à M. Trélat, c'est l'auteur des lettres que nous voulions connaître. » — D'où vient donc que maintenant, parce vous avez attendu, je sois devenu, moi, le vrai coupable, le grand coupable, moi qui ne l'aurais pas été il y a six semaines ?

On nous a fait des phrases très-résonnantes sur la loyauté à laquelle personne ne nous a jamais reproché d'avoir manqué , sur l'hypocrisie qui n'est pas à notre usage, qui ne l'a jamais été, qui ne le sera jamais , sur les couleuvres et sur les venins des mauvaises passions...... En vérité nous ne savons pas ce que tout cela veut dire. On eût mieux fait de prouver, si c'était possible, qu'il n'y a eu ni extorsions ni concussions à la mairie de St-Cernin.

Mais voyons un peu la pièce capitale, entrons dans le corps de la place , pénétrons dans les entrailles de la cause, comme on le dit en langage d'avocat.

Nous sommes, a-t-on dit, *des réformateurs*, et on a cru sans doute nous adresser là une injure bien amère, car on a fait tout ce qu'on a pu pour ne point nous épargner.

Eh bien ! on s'est trompé; il y a long-temps que nous avons accepté le mot, et que nous nous honorons qu'on nous l'applique.

Oui , nous sommes des réformateurs que vous ne comprenez pas et vous devriez comprendre. Vous devriez au moins essayer de comprendre la moralité de nos actes dans cette affaire qui nous occupe, car il y va de chose plus sérieuse qu'une plaidoirie, que quelques phrases redondantes, de quelque chose de plus sérieux que la considération de M. Bastid. Il y va de ce dont vous avez parlé sans y rien concevoir, à juger du mépris avec lequel vous vous en êtes occupé, il y va de ces *misérables centimes* (1) qu'on extorquait aux pauvres travailleurs, entendez-vous bien? il y va de la probité de l'administration, de la fin de la concussion et de la régénération de l'homme.

Quoi, vous n'étouffez pas dans ce monde !

Quoi, vous n'avez pas besoin d'air et vous n'en demandez pas, dans cette fournaise où les âmes se brûlent au lieu de s'épurer! vous ne sentez pas que l'homme ne vaut rien et que c'est la société qui le gâte, que l'humanité est en friche et qu'il faut la mettre en valeur! vous n'avez que des sarcasmes pour ceux qui lui montrent la terre promise, pour ceux qui veulent adoucir les mœurs, développer les vertus dont l'âme humaine contient le noble germe !

« Ne sentez-vous pas, dit-on en souriant avec ironie, tout ce qu'a mérité un médecin qui a dénoncé un maire de sa commune? »

Eh bien ! oui, Messieurs, il faut du courage, et un courage assez rare dans l'état de nos mœurs, habitués que nous sommes à fléchir sous l'influence du pouvoir et surtout sous celle de l'égoïsme, il faut du courage pour attaquer le maire de la commune, et il n'y a que le sentiment du devoir qui puisse élever le citoyen au-dessus de mille petites contrariétés qu'il affronte par cette détermination. Dans les petites communes tout le monde se touche, tous les rapports se brisent par une démarche pareille. On ne la fait pas de gaîté de cœur, soyez en sûrs.

Nous ne savons pas si M. Bastid passera ou ne passera pas sous les *fourches caudines* (2). Il n'y a plus de fourches caudines de notre temps, et personne de nous, quoique vous en disiez, n'attend d'ovation, pas plus qu'il ne compte sur le capitole ou la roche Tarpéïenne. •

(1) paroles de Mᵉ Pompignac.

(2) Paroles de Mᶜ Pompignac.

Toutefois, il est une chose que nous ne pouvons laisser passer sans réponse parce qu'elle est complétement fausse. — On a dit que nous avions pris sous notre patronage le sieur Gaillard, et on a ajouté : « C'est fort, mais c'est vrai, car les témoins l'ont dit. » — Les témoins ? Lesquels ? — Un témoin qui citait hier son beau-frère et qui ne pouvait trouver son nom… Un autre témoin de l'auditoire a été forcé de le lui souffler trop haut, beaucoup trop haut.

C'est vous qui avez pris, presque jusqu'au dernier moment, le sieur Gaillard sous votre patronage, et qui n'en faites bon marché maintenant que parce que vous le voyez percé à jour et honteusement chargé de toutes ses concussions héréditaires ! — C'est vous qui le conserviez à la mairie de St-Cernin, bien qu'on vous eût dit depuis trois ans qu'il volait la commune, qu'il volait les pauvres, c'est vous qui vous êtes fait adresser le reproche de concussion, le reproche mérité de concussion puisque vous ne vouliez pas vous séparer du concussionnaire.

« La source de ce bruit était impure, dites-vous. » Impure ? Pourquoi ? — Aux yeux de M. le préfet du Cantal, peut-être. Messieurs, ce n'est pas à nous de le défendre, ni à vous de vous prononcer aujourd'hui sur son compte. Il a comparu, il y a 18 mois, devant le jury de ce pays qui l'a jugé. C'est assez sur M. le préfet Delamarre.

Aucune source n'est impure quand il en jaillit quelque lumière et quelque connaissance de la vérité. — Mais n'avez-vous pas entendu les témoins les plus honorables et jusqu'à vos propres témoins affirmer que M. Bastid avait été informé des concussions de la mairie ? Les bruits publics de St-Cernin, n'ont-ils pas été transportés dans cette audience, comme l'a dit M. le président ? — Le ministère public a été plus juste que vous. Il a dit que les perceptions illégales avaient été rapportées par des témoins honorables de part et d'autre.

On nous a parlé d'une façon qu'on a voulu rendre comique, de la prédestination de M. Guibert, on a essayé quelque raillerie sur toute tentative d'amélioration, et on n'a pas senti que tout cela constituait l'éloge de la perpétuation du mal et la haine de tout perfectionnement.

On s'est moqué des réformateurs, et nous nous écrions : » Pauvre école que celle qui se traîne tristement sur les traces du passé, qui croit prouver quelque chose en enflant sa voix, et qui ne se doute pas que nous marchons à une époque où les écrivains, les moralistes, les législateurs et toutes les intelligences du pays traiteront simplement et uniment ses intérêts, sans avoir besoin de chausser le cothurne, de mettre du rouge et de se draper à l'antique !» (On rit).

« Nous pouvions, a-t-on dit, recourir à d'autres moyens qu'à la pu-
« blicité. » — Voyons un peu.

Porter plainte contre le maire ? Mais vous ne savez donc pas qu'en vertu de l'une de nos 40,000 lois on ne peut poursuivre un maire sans l'autorisation du conseil d'état ? — Vous pouviez, dit-on, vous adresser au conseil municipal ? — Mais nous sommes convaincus, nous, qu'il n'en serait rien résulté, que les concussions n'en auraient pas moins suivi leur cours. Le maire n'en avait-il pas été prévenu depuis trois ans ? Ne savait-il pas ce que toute la commune savait ? En tenait-il le moindre compte ? Enfin, il nous a convenu de recourir au moyen que nous avons employé parce que nous l'avons jugé le meilleur, et l'expérience a prouvé que nous avions raison, car les concussions n'ont plus lieu, nous le croyons du moins, et nous espérons qu'elles ne recommenceront pas.

« Comment! s'est-on écrié, si *le Patriote* n'eût pas existé, les abus « se perpétueraient encore ! »

Eh ! oui sans doute puisqu'ils n'ont cessé que depuis les révélations du *Patriote*, révélations qui n'auraient peut être pas suffi sans le procès. Il aura fallu et le journal et le procès pour les extirper : ce n'était pas trop, tant ils étaient enracinés et invétérés.

D'autres ont été moins injustes que nous, MM. les avocats. Le défenseur de notre partie adverse, dans notre procès contre notre imprimeur, devant le tribunal consulaire de Clermont, disait que notre journal avait rendu de véritables services puisque par lui toute infraction à la loi était devenue impossible dans notre département. La semaine dernière, à la Cour royale de Riom, en essayant de nous frapper, on s'exprimait sur notre compte avec plus de pudeur. On ne saurait oublier, en effet, que non-seulement nous répandons, comme on vous l'a dit hier soir, une douce morale, mais que nous portons la lumière dans les marchés frauduleux, dans les corruptions administratives, et que nous avons fait casser l'année dernière une adjudication de travaux considérables qui s'était faite sans apposition d'affiches, sans publicité, sans concurrence. Ceux qui volent les biens communaux, ceux qui font repaver leurs rues par des soumissionnaires fictifs, les maires qui brisent le sceau des lettres savent bien quels sont les services que nous rendons chaque jour aux contribuables. Nous en rendons encore d'une autre nature. Il y a trois ans l'action de la presse était si peu comprise dans ce pays, l'esprit public si peu formé, que toutes les correspondances étaient anonymes ; chacun parlait tout bas. « Citoyens, avons-nous dit, montrez-vous au grand jour ; quand votre âme est pure, parlez tout haut, signez vos lettres. Nous n'aurons de mœurs publiques que le jour où chacun écrira sa pensée sur son front. »

Eh bien ! messieurs, nous avons été compris, et nous éprouvons la satisfaction de voir qu'aujourd'hui presque tous les documens qui nous sont adressés sont signés. C'est là un progrès sensible, c'est une grande conquête, car c'est une réforme dans les mœurs. Quand on en est là, il faut bien que le reste vienne. Il vaut mieux que les lois se réforment par les mœurs que les mœurs par les lois : c'est plus solide.

« Il y a des gens, nous a-t-on dit encore, qui ont jusqu'à la vanité et » l'ambition de la sellette. »

Si vous avez essayé, par ce mot, de faire bondir notre cœur, vous n'y êtes pas parvenu. Nous n'avons pas d'ambition, (nous avons le droit d'être cru), pas de cette ambition de places et d'argent qui égare les hommes et que nous aurions pu repaître. Eh bon Dieu ! nous savons bien que nous n'avons aucun prix matériel à recueillir de nos efforts, nous le savons, et nous n'en sommes ni moins fermes ni moins résolus dans notre marche. Personne ne pourrait dire que nous sommes des fanatiques. Nous avons passé l'âge du fanatisme, l'âge de l'enchantement. Nous avons vu, examiné, pesé les hommes et les choses, nous avons étudié l'histoire, nos convictions sont déjà mûries par l'expérience, et nous sommes plus croyans que jamais. Quant à cette sellette dont vous parlez et où nous siégeons maintenant pour défendre notre droit, notre cause, et pour lutter contre vous qui combattez notre droit, notre cause,

et qui vous riez si gaîment de ces misérables 50 centimes par tête extorqués aux pauvres, nous nous honorons d'y avoir pris place. — Béranger,
Paul-Louis Courier y ont siégé ; avant eux tous les philosophes qui ont
défendu la sainte cause de la perfectibilité humaine sont venus s'y asseoir.
Le savant Raspail a eu les fers qu'on met aux voleurs, et Carrel, Marrast
et Cavaignac sont en prison. Nos co-religionnaires sont dans les cachots
de la Force ou du Mont-Saint-Michel. Celui qui arbora le premier le dra-
peau tricolore sur le dôme des Tuileries (1) a été outragé, martyrisé par les
sergens royaux. — Nous pouvons bien, en pareil moment et en pareille
voie, nous asseoir sinon avec orgueil, sinon avec joie, au moins avec
calme, avec confiance et avec le sentiment du devoir, sur ce banc qu'on
ne déshonorera pas plus que ceux qui y prennent place, quelque soit
le nom qu'on lui donne, et quelque reproche qu'on fasse aux prévenus
d'avoir l'ambition de la sellette.

La jolie petite société que celle qui proscrit Jean-Jacques, Béranger,
Paul-Louis, et qui livre au gendarme et au geolier l'intelligence, le
dévouement, et toutes les inspirations et tous les pressentimens de
l'avenir !

Et vous voulez qu'on resserre encore ses entraves ! — Vous n'y par-
viendrez pas, ni ceux auxquels vous venez si gracieusement en aide.

« Faut-il des couronnes, s'est-on écrié, faut-il décerner le prix de la
vaillance ? « C'est ce que vous déciderez. »

Messieurs, nous avons fort peu de goût pour les couronnes (on rit
beaucoup dans l'auditoire). Nous avons fort peu de goût pour les couronnes, soit dit sans calembourg, nous n'avons pas l'habitude d'en faire.
Les ovations, les hommages individuels sont, selon nous, chose fort
dangereuse. Les meilleures natures se perdent par la cajolerie. Il ne
faut grandir personne sur un piédestal et c'est ce qu'on a fait trop souvent jusqu'à ce jour. L'humanité devient trop aisément la proie de celui
qu'elle a déifié. Ayons plus d'estime pour les hommes en général et
moins d'adoration pour quelques uns d'entre eux.

Poursuivons notre réponse :

« M. Trélat ne nous était connu ni par le bien ni par l'injure. Nous
« connaissons pourtant la morale douce qu'il cherche à répandre, nous
« savions ses vertus de famille. »

Merci, monsieur, car nous tenons beaucoup à ces vertus-là ! Nous
sommes convaincus que sans elles il n'y a pas de vertus publiques, et c'est
par elles, non pas que nous entreprenons, comme vous avez bien voulu le
dire, d'imprimer le mouvement, d'entraîner les hommes, mais de con-
courir autant qu'il est en nous et dans notre petite sphère d'activité, à
éclairer et à moraliser nos concitoyens.

On nous a reproché d'avoir écrit avec l'indifférence du journaliste,
la première phrase qui s'est présentée sous notre plume. Nous ne voulons pas savoir si l'avocat qui a moins le temps de réfléchir que l'écrivain
dont le travail n'exclut pas la méditation, accueille la première phrase
qui se présente à sa bouche, mais nous savons fort bien que nous n'ex-
primons une pensée qu'après l'avoir bien examinée, et que nous avons
mûrement pesé les articles qui concernent M. le maire de St-Cernin
avant de les mettre au jour.

Non, monsieur, l'insertion d'un fait, d'une doctrine, d'une pensée

(1) Guinard.

dans notre feuille n'est jamais motivée par un calcul de succès. Nous ne recherchons pas le nombre d'abonnés que nous en retirerons. Ce n'est pas ainsi que nous comprenons notre œuvre. Nous ne concevons pas davantage les distinctions que vous avez faites sur le talent de construire une phrase pour échapper à la criminalité. — Nous cherchons la vérité, nous tâchons de la faire comprendre, et nous n'avons qu'une manière de la sentir et qu'un langage pour l'exprimer.

Après cette discussion qui s'est prolongée deux heures et demie, M. Trélat aborde l'examen des faits particuliers de la cause, celui d'extorsion, ceux de concussion, le fait relatif à la mutation et au mur. Il rappelle les dépositions des témoins, et relève ainsi les expressions suivantes : « Vous avez brodé l'historiette, vous avez donné une entorse à ce fait, » employée par Me de Pompignac dans sa plaidoirie :

» Nous ne brodons rien, monsieur, nous rapportons des actes, nous les prenons dans la bouche des témoins, même dans la bouche des vôtres que nous ne suspectons pas, et quant à donner *une entorse* aux faits, nous ne connaissons à cet égard, ni le mot ni la chose.

Vous avez demandé comment un écrivain correct avait pu employer dans une lettre des expressions peu châtiées, pourquoi il les avait soulignées. Mais cet écrivain a l'habitude de respecter les pièces signées qu'il reçoit, d'en respecter le sens, la lettre et les intentions, quand il croit devoir les accueillir.

« Lorsqu'il s'agit de dire que M. Bastid est un malhonnête homme, la » voix vous reste au gosier, vous êtes-vous écrié. » — Nous ne nous sommes pas encore aperçus, et personne, que je sache, n'a trouvé que nous ayons manqué de preuves ni de voix pour établir l'extorsion et les concussions de la mairie de St-Cernin.

« Tuez, tuez M. Bastid à coups d'épingles ! »

Métaphore, monsieur, métaphore que tout cela ! Nous ne voulons tuer personne, même à coups d'épingles, et quoiqu'on nous ait fait une très-belle phrase contre le romantisme et les tyranneaux, nous déclarons bonnement et bourgeoisement, que nous ne sommes ni classiques ni romantiques en fait de probité ni en quoi que ce soit, que nous ne tournons le dos ni à l'un ni à l'autre, que nous sommes positifs ennemis des grands et des petits tyrans, et que nous cherchons à être raisonnables.

» Il faut le reconnaître, il y a eu des abus à la mairie de St-Cernin. » Quelques misérables pièces de 4, de 6, de 10 sous, ont été illégitime-» ment perçues. »

Eh ! monsieur, voilà tout ce que nous avons cherché à constater, mais ne vous montrez pas si dédaigneux des sueurs du peuple ! Ces misérables pièces de 4, 6 et 10 sous lui coûtent beaucoup de travail ; M. le président vous le disait hier. Elles sont enlevées à la faim d'un ouvrier, de sa femme, de ses enfans, aux besoins d'un long voyage. L'un d'eux vous l'a dit : on ne voulait pas lui donner son passeport, il a été forcé de changer la pièce économisée pour sa route.

Voilà tout le procès, messieurs, et tout ce qu'on a dit auparavant était inutile ; en tout cela on n'avait pour but que de vous donner la fièvre, mais le jury préfère la raison à l'exaltation poétique, le jury juge et ne se passionne pas.

Il se commettait des concussions à la mairie de St-Cernin. Nous les avons dénoncées. Quel était le concussionnaire ?

7

Le maire avait été averti depuis trois ans.

Les concussions étaient publiques, et il ne renvoyait pas son agent. Il avait été averti par M. Marty, juge de paix, qui est venu apporter ici l'accent de droiture qui distingue les paroles de l'honnête homme; il l'avait été par M. Verniols; il l'avait été par l'inspecteur des postes, par des plaintes particulières, et il ne renvoyait pas le voleur!

« Il est pauvre, il a besoin, disait-il. » Désolante justification de la part d'un magistrat!

Cet homme qu'on abandonne maintenant si complètement, on l'excusait, on ne voulait pas s'en séparer : « il est pauvre, disait-on, il a besoin. »

Tout se réunissait pour prouver que M. Bastid était concussionnaire. — La mairie était concussionnaire. Mais la mairie, il faut bien la personnifier, apparemment. Le maire est responsable des faits de la mairie.

Vous nous avez dit qu'un caissier est responsable des soustractions de son commis, mais alors il est bien responsable aussi de ses exactions, surtout quand il les connaît.

Eh bien! le secrétaire de la mairie est ce commis du maire, et le maire est responsable des exactions de son commis. Cela ne peut plus faire de doute dès qu'il en est instruit, et nous allons plus loin, nous soutenons qu'il doit les connaître.

Les avocats de M. Bastid interrompant : le caissier n'est responsable des soustractions de son commis que quant au dommage, mais il n'est pas responsable du crime, il ne va pas aux galères pour lui.

Me *Delzons*. Je prie ces messieurs d'observer que M. Trélat n'est pas avocat.

M. *Trélat*. Cette partie de la discussion regarde Me Delzons. Dans tous les cas, si le maire est incapable, s'il ne veut pas voir ce que tout le monde voit, qu'il résigne ses fonctions, sans quoi il aura la complicité des faits qui sont connus de tous.

Quelques mots encore. « Si M. Bastid est coupable, a-t-on dit, M. le » juge de paix l'est aussi, car il a donné un certificat au secrétaire de la » mairie. »

Messieurs, nous ne pouvons rien comprendre à cette manière de raisonner. — D'abord, M. Marty a délivré le certificat avant d'avoir su les faits graves qui ont appelé son attention. Mais ensuite, est-ce que M. Marty avait la responsabilité des actes du sieur Gaillard?

Ce qui était strict devoir et devoir méconnu de la part de M. Bastid fut dévouement et dévouement accompli de la part de M. Marty, quand il avertit le maire de St-Cernin.

On a terminé la plaidoirie qui nous occupe par un mot auquel nous devons une réponse. « Si on n'avait qu'un accusé, a-t-on dit, on se » laisserait aller à un mouvement de pitié!!! »

Mais on a le bonheur d'en avoir deux, et on ne veut pas manquer d'en faire curée.

Nous ne savons pas à qui on a voulu jeter ce mot insultant de pitié qu'il n'est permis qu'aux hommes de l'avenir d'adresser à ceux qui se traînent sur les traces du passé, mais ce n'est pas ce sentiment que nous attendons de vous, messieurs les jurés, nous vous demandons justice.

Me *Pompignac*. Je n'ai pas dit cela, je n'ai pas parlé de pitié.

Me *Delzons*. Je ne l'ai pas entendu,

M. *Trélat*. Je l'ai écrit, mais je suis heureux de voir qu'on désavoue cette parole.

Messieurs les jurés, nous avons accompli un devoir. On a reconnu qu'on nous doit l'abolition des concussions de la mairie de St-Cernin. Par quelle contradiction et par quelle injustice nous châtierait-on en nous remerciant? Les faits sont patens, les faits sont coupables; ce n'est pas nous qui les avons commis, c'est nous qui les avons signalés: votre conscience autant que votre raison vous interdit un verdict de condamnation contre nous. On vous demande un non sens, une absurdité, une injustice, on vous demande le châtiment de ceux qui ont flétri les actes que chacun de vous flétrit intérieurement, et qui viennent de recevoir une bien autre publicité que celle que nous leur avions donnée. Qu'on les étouffe, ces faits, si l'on veut nous envoyer en prison; mais si, au contraire, nos adversaires sont forcés de les avouer, si leur criminalité est constante, quelle opinion auraient donc de nos juges ceux qui attendraient d'eux notre condamnation. Ils n'y comptent plus, messieurs les jurés, depuis que « les bruits publics de St-Cernin ont été transportés » dans le sein de la Cour d'assises (1). »

L'audience est suspendue pendant un quart d'heure.

A la reprise de l'audience, M. le substitut du procureur du roi reprend la parole.

Notre devoir, dit-il, est pénible à remplir. Nous savions que nous aurions en face de nombreux combattans (2). Quoiqu'il en soit, notre zèle ne nous fera pas défaut. Nous savons qu'on met en avant des doctrines très-généreuses, mais en politique, ceux qui veulent aller trop vite ont de grands torts, ce sont des enfans égarés qu'il faut ramener au camp.—On s'est plaint de persécution; nous répondrons qu'il n'y a de persécution dans les Cours d'assises que celle d'entendre la vérité. — On nous parle de paix et de concorde, et pour premier exemple, on jette la division dans une commune, on la partage en deux camps. — Oui, nous l'avons dit, et nous le disons encore: Si la liberté de la presse ne pouvait exister qu'avec le désordre, périsse la liberté de la presse! S'il faut bouleverser le monde pour le régénérer, ne le bouleversons pas; s'il faut remuer ses entrailles, diviser, envenimer les haines, arrêtons-nous.

Un citoyen honnête est obligé d'appeler tous ses concitoyens pour certifier sa probité, et pourtant il ne peut, lui, user du même avantage, il ne peut appeler des témoins pour déposer sur le compte de son adversaire, ni pour prouver ce qu'est un nom étranger à la cause. — Vous n'aurez pas seulement, messieurs, à apprécier les faits matériels, mais encore l'intention. Quelques efforts que l'on ait faits pour faire de ce procès un procès politique, vous ne vous laisserez pas détourner des

(1) Paroles de M. le président. — Pendant toute cette plaidoirie, M. Trélat avait à sa droite, immédiatement à côté de lui, M. Pompignac auquel il répondait, et se tournait vers lui toutes les fois qu'il combattait ses argumens.

(2) Ces paroles de M. l'avocat du roi sont difficiles à expliquer. L'accusation avait trois athlètes, la défense n'en avait que deux, et quelle différence si on les mesurait à la taille, et à la force des poumons?

véritables objets de vos méditations. Vous examinerez si l'on a véritablement voulu mettre un terme à des concussions, ou si l'on n'a été dirigé que par la passion.—Or, ceux qui sont ici en cause, ont dit qu'ils déposeraient la plume, si M. Bastid donnait sa démission : c'était donc beaucoup moins le bien public qui les animait, que la haine qu'ils portaient à M. Bastid. Comment ! vous aviez tant de zèle, tant de dévouement, et vous avez attendu si long-temps avant d'obéir à votre conscience ! C'est ce que vous disait avec raison cette voix éloquente qui s'est fait entendre hier (1), et qui plaidait bien, quoiqu'on en ait dit, car l'avocat, ainsi que l'a dit Cicéron, est l'homme de bien habitué à bien dire : « *Vir probus dicendi peritus.* »

Quelque soit le ridicule qu'on a cherché à jeter sur nos paroles et sur celles de l'éloquent avocat qui a parlé hier, quelques railleries qu'on ait faites de nos comparaisons, nous dirons que la liberté de la presse, fleuve majestueux, si elle est contenue dans de justes bornes, devient un torrent dévastateur si rien ne la maîtrise. Eh bien ! s'il faut la perturbation générale, point de liberté de presse, point d'utopies du bonheur futur. Si l'on n'imposait pas de digues à la presse, chacun tremblerait devant un article de journal.

M. Trélat s'est plaint de l'accusation, il n'a pas craint d'accuser le parquet de déloyauté. Il s'est autorisé d'une lettre écrite par M. le procureur du roi qui vient de quitter ce siège, et qui y a laissé tant de regrets. A cela nous répondons la loi à la main. Et d'ailleurs, une proposition avait été faite à M. Trélat, il ne l'a pas acceptée, il n'a pas voulu livrer sa correspondance. Nous lui ferons une question : s'il eût été à notre place, qu'aurait-il fait? Il aurait fait comme nous. Avec la loyauté qui le distingue, nous sommes bien persuadés qu'il nous aurait poursuivis. — *Vous ferez attention, MM. les jurés, que M. Trélat vous a déclaré qu'il n'entendait séparer en rien sa cause et sa responsabilité de celle de M. Guibert (2).*

On demande ce que c'est que le parquet. Les gens du parquet, ce sont les combattans de la société, ce sont les hommes qui surveillent et qui signalent les écarts, qui combattent l'influence des imaginations égarées ou perverties : quoiqu'on en dise, *le parquet est composé d'hommes honorables et loyaux.*

Voilà les quelques réponses que nous avions à faire aux saillies d'esprit, aux jeux de mots que vous avez entendus. Dans cette cause qu'on a voulu dénaturer, éloigner de son véritable caractère et noyer dans des considérations qui lui sont étrangères, une voix plus éloquente va succéder à la mienne, et replacer la discussion dans ses véritables limites.

M. *le Président.* La parole est à Me Dessauret. Il s'exprime en ces termes :

« Eh bien ! oui, messieurs les jurés, il faut que je descende aussi dans cette arène. Je ne me défendrai pas dans un intérêt d'amour-propre. Ce n'est pas du persifflage qu'il nous faut, il faut faire justice de ces attaques détournées qu'on a dirigées contre un honnête homme porté à l'administration de la commune. — Nous avons cité 55 témoins, 40 sont venus

(1) M. de Pompignac.

(2) Les lecteurs sont invités à remarquer la noblesse et la loyauté de ces paroles du ministère public et à les rapprocher de celles qui les suivent presqu'immédiatement : « Le parquet est composé d'hommes honorables et loyaux. »

déposer que M. Bastid est un honnête homme. Vous avez entendu ce vieux militaire chargé d'honneur et couvert de cicatrices, qui est venu vous rapporter un acte qui honore la vie du maire de St-Cernin. Il vous l'a montré dévoué aux intérêts de ses administrés et véritablement l'ami du peuple. Eh bien! cet ami du peuple, qu'en a-t-on fait devant vous, comment l'a-t-on traité? cet administrateur *courageux et éclairé*, on l'accuse d'abus de pouvoir, d'extorsion et de concussion. — Pour toute réponse il vous ouvre le livre de toute sa vie. Que nos adversaires nous montrent la leur!

Ah! peut-être êtes-vous bien heureux, M. Guibert, que la loi qui vous protège en cette circonstance, ne nous fournisse pas les mêmes armes qu'à vous.

Remarquez un peu combien, de toute manière, votre position était plus favorable que la nôtre. — Quel est le maire qui n'ait été souvent forcé de recourir à des mesures coercitives contre ses administrés, et qui conséquemment n'ait excité contre lui quelques haines. Alors vous pouviez amener ici des témoins animés par l'esprit de vengeance, des témoins qui auraient pu exposer des faits aussi calomnieux que ceux qui sont dans votre journal, et nous qui sommes attaqués, nous qui avons été diffamés par une feuille publique, nous étions et nous sommes dans la nécessité de nous justifier.

Nous avons regretté plus vivement peut-être que nos adversaires, que celui de nos confrères dont la réputation est Européenne, (1) et qui devait leur prêter son appui, n'ait pu venir s'asseoir sur ce banc, car lui, au moins, aurait rendu quelque justice au talent, à l'éloquence de mon confrère, de mon ami, de mon frère, de celui qui m'éclaire de ses conseils et avec lequel je partage les luttes et les fatigues de mon état. Au lieu de cet hommage légitime, nous avons entendu une improvisation fort spirituelle assurément, mais, il faut le dire, selon nous, dépourvue de logique.

On a tiré quelque parti d'une lettre de M. Bastid. Eh bien! que voyonsnous dans cette lettre dont on eût bien pu au moins dissimuler les fautes d'orthographe qui n'empêchent pas le notaire de St-Cernin de savoir fort bien libeller un acte? Nous y trouvons ce que nous savions déjà, la preuve de la faiblesse de caractère de M. Bastid, la preuve de cette timidité (2) qui le porte à craindre la publicité, à préférer les voies de douceur et de conciliation à tout éclat. — Ce n'est pas le conseil que nous lui avions donné. Nous lui avions dit d'aller directement au rédacteur du journal: là une lutte se serait engagée devant le public, et la vérité n'aurait pu manquer d'en jaillir. — Si nous eussions connu l'auteur dès le principe, nous aurions accepté le combat, nous l'aurions attaqué par la presse. Mais au lieu de nous dire son nom, comment a-t-on accueilli notre acte extrà-judiciaire? par un refus. Dans une telle position nous ne pouvions répondre au scandale des journaux, que par le scandale d'une accusation publique. Ce n'est pas nous qui avons choisi notre terrain.

Malgré ces circonstances, nous déclarons ici que nous avons cru M. Trélat de bonne foi jusqu'au moment où il est venu défendre ici la

M. Ch. Bayle de Riom.

(2) Un peu plus haut M. Dessauret vantait le courage de son client.

cause de son adversaire, jusqu'au moment ou il n'a opposé qu'une critique amère à une plaidoirie entraînante.

N'a-t-il donc pas senti combien sont injustes les accusations dirigées contre M. Bastid. Eh! messieurs, *qui sait si notre voix n'est pas la seule réparation qui soit réservée à l'honneur du maire de St-Cernin!* notre voix, elle devrait être bien forte pour descendre jusqu'au fond de votre conscience, M. Guibert!

Ici M⁰ Dessauret cherche à expliquer la rivalité des deux familles par de vieilles haines qui ne sont pas dans le caractère de notre pays. Il annonce que quelles que soient les impressions qui le dominent, il saura s'en rendre maître et plaider sa cause avec calme, mais bientôt il se laisse emporter par son improvisation, sa voix fait vibrer les vîtres de la salle, et il ne tarde pas à être tout ruisselant de sueur.

On a mis, dit-il, dans la bouche de mon confrère, une expression de joie qu'il n'a pas eue quand il a dit que nous avions ici deux gérans. Non messieurs, nous qui sommes accoutumés à défendre les accusés, quand le devoir nous oblige à seconder comme aujourd'hui l'accusation, ce n'est pas de la joie que nous éprouvons, c'est bien plutôt de la douleur.

M⁰ Dessauret entre dans la discussion des faits, il demande comment il ne se présente qu'un prévenu de St-Cernin, quand M. Trélat avait annoncé que ses documens étaient garantis par de bonnes et va'ables signatures, puis il attaque la moralité des témoins produits par MM. Guibert et Trélat. Selon lui le receveur de l'enregistrement ne se serait trouvé chez M. Bastid au moment où Escudier aurait payé les 40 francs, que pour pouvoir fournir plus tard les moyens de constater l'extorsion. Selon lui le témoignage d'Escudier ne serait d'aucune valeur, et il ne montre pas plus de respect pour la déposition de M. le juge de paix de St-Cernin. — Tout ce dédale de phraséologie des articles publiés contre M. Bastid ne serait, dit-il, que l'expression d'intentions haineuses et jalouses.

Le fait de la mutation n'est pas établi. Celui du mur ne l'est pas davantage. Le fait du dommage causé par les vaches est des plus simples, et M. Bastid n'a fait qu'user de son droit. — Quant aux concussions, l'exagération, en certains cas, est une calomnie, et les perceptions exigées à St-Cernin se faisaient et se font encore dans un grand nombre d'autres localités. — Rien n'établit positivement que M. Bastid ait été averti. Vous voulez, vous, moralisateurs, user du privilège de ne faire croire qu'à vos témoins. Et quand on prouverait qu'il a été informé des perceptions, s'il a agi, s'il a averti Gaillard, il a fait son devoir, on n'a rien à lui reprocher. Or, vous avez entendu Gaillard dire ici que M. Bastid lui avait recommandé de prendre garde à lui.

Toutes vos accusations sont donc fausses, vous avez calomnié avec malice, avec méchanceté calculée, vous êtes marqués du sceau de l'infamie qui s'attache à un calomniateur.

Si vous aviez 'a preuve qu'il se fit des perceptions coupables au secrétariat de la mairie de St-Cernin, que n'attaquiez-vous le secrétaire au lieu de diriger vos coups contre le maire. Qui donc vous empêchait de traduire le vrai coupable, s'il est vrai qu'il y en ait eu? N'est-ce pas là ce que vous deviez faire dans l'intérêt de la paix, dans l'intérêt de la justice? — Vous n'avez voulu que faire de l'éclat. Si le Maire eût renvoyé Gaillard, vous auriez présenté Gaillard comme une victime, et vous l'auriez pris sous votre protection.

Messieurs les jurés, vous saurez écarter les prétextes d'amour de bien public dont on vient se parer ici, pour n'y voir que les funestes résultats de la haine et de la rivalité. Vous réduirez tout à sa juste valeur, le mal qu'on suppose, comme le bien dont on cherche à se prévaloir. Mais vous ne souffrirez pas qu'un citoyen estimé de toute sa commune, soit déshonoré par les efforts de la méchanceté. Si vous acquittez les prévenus, une épithète flétrissante, une souillure ineffaçable restera à jamais empreinte au front de M. Bastid.

Me Delzons se lève et réplique ainsi qu'il suit :

MM. les jurés, deux choses ont dû vous frapper dès le commencement de ces débats, c'est la violence de nos adversaires et le calme que nous leur avons toujours opposé. Ils se sont adressés à vos passions, nous, à votre raison. Ils ont fait des phrases, de belles phrases; nous, nous avons fait des calculs. On nous en a fait un reproche, soit, nous l'acceptons. Des calculs mènent à des résultats positifs, bien plus que des déclamations et des paroles sonores. Ce que nous avons fait, nous le ferons encore ; nous poursuivrons l'œuvre telle qu'elle a été commencée.

N'attendez pas de nous de violentes diatribes, ou de mouvemens passionnés; que nos adversaires grossissent leurs voix, que l'un d'eux regrette de ne pas l'avoir assez forte, et pourtant vous savez comme elle retentit (on rit), nous ne leur en ferons pas de reproches; mais qu'à leur tour ils nous permettent de conserver le calme nécessaire à l'homme qui veut raisonner. — Dans ma première plaidoirie, j'ai posé les bases à une discussion; j'ai divisé les faits, et cette division a été adoptée par mes adversaires, je vais donc la maintenir.—Me Delzons revient sommairement sur le fait d'extorsion reproché à M. Bastid au préjudice du sieur Escudier. Il détruit tous les argumens qu'on a fait valoir pour atténuer la déposition si positive de MM. Escudier et Arnal. Il revient sur la déposition de M. Aldebert, il rapproche tous ses dires et en fait ressortir la preuve que ce n'est pas la femme du fermier de M. Bastid, comme l'a prétendu Me Dessauret, mais M. Bastid lui-même, qui a dénoncé Escudier comme républicain, comme propageant les journaux républicains, lui qui ne reçoit que l'innoffensif journal des Connaissances utiles. — Nous n'avons pas à rechercher, dit-il, quelle était l'intention de M. Bastid en menaçant Escudier de destitution; peu nous importe qu'il n'ait pas voulu, ou qu'il n'ait pas pu le faire destituer; un fait reste, il nous est acquis; M. Bastid a menacé Escudier, il l'a dénoncé et pour éviter le choc du *pot de fer*, Escudier a payé 40 francs, dès lors l'orage a été conjuré. — Pour répondre à un argument tiré du silence de M. Bastid après le premier article du *Patriote*, Me Delzons rend compte d'un article en réponse inséré dans *l'Echo du Cantal*, et lit en entier la réfutation victorieuse qui en a été faite par *le Patriote* dans son numéro du 10 décembre.—Cet article, dit-il, ne sera pas désavoué par M. Bastid, car, si nous sommes bien informés, il est signé par un de ses plus proches parens.., et Messieurs, je n'ai plus besoin d'hésiter; le signataire est là présent; d'un signe de tête, il confirme mes paroles. Accepte-t-il aussi la rédaction? D'honneur je ne le lui conseille pas. — Arrivant à une déclaration donnée par M. Escudier à M. Bastid, et dont on avait voulu faire usage dans les débats, Me Delzons s'écrie : savez-vous MM. les jurés, comment a été faite cette déclaration ? je puis le dire, car c'est moi qui l'ai rédigée quelques jours après qu'eut paru l'article inséré dans le *Patriote* du 10 décembre. Escudier fut mandé par le maire de St-Cernin chez le directeur de son administration; pressé de questions et de demandes, il refusa de rien faire hors la présence de son conseil; j'avais été son défenseur dans l'affaire qui avait donné lieu à tous ces débats. C'est encore à moi qu'il s'adressa. M. Bastid vint dans mon cabinet, accompagné de M. Cerfberr, rédacteur de *l'Echo du Cantal*. Veuillez remarquer cette circonstance, (M. Cerfberr paraît prêter une grande attention). Tous deux sollicitèrent d'Escudier un démenti formel des faits dévoilés par le *Patriote* ; Escudier refusa, il soutint n'avoir cédé qu'à la crainte; il déclara qu'en payant 40 fr. qu'il savait ne pas devoir, il n'avait voulu que racheter sa tranquillité compromise. — De pareilles déclarations devaient peu satisfaire M. Bastid, et pourtant il resta là; il permit que, pendant deux heures, on lui répétât qu'il avait commis une extorsion. Enfin, Messieurs, je tranchai la difficulté, et pour *amener une réconciliation*, je rédigeai moi-même une lettre qu'Escudier était censé adresser à M. Bastid *sur sa demande*, et dans laquelle il déclarait que *pour son compte il était convaincu que les 40 fr. qu'il avait payés, étaient arrivés à leur destination.* — L'accusation d'extorsion restait dans toute sa force, et pourtant M. Bastid déclara se contenter de ce qu'il avait obtenu, il déclara n'avoir rien à reprocher à Escudier. Je dois l'avouer ingénument, MM. les jurés, je ne compris pas alors toute la portée de cette démarche; je ne vis pas le piège, les débats me l'ont révélé, déjà l'on forgeait l'accusation actuelle.

Le lendemain Escudier eut des craintes, il vint me les confier. J'avais seul conseillé et fait la déclaration, et consciencieusement je crus devoir en assumer toute la responsabilité. J'écrivis à M. Cerfberr pour le prévenir que s'il abusait d'une déclaration demandée, sollicitée, *« je dirais » presque arrachée* à un pauvre diable qui, avant tout, a besoin de bien » vivre avec l'autorité locale, je me verrais obligé de livrer à la publicité » une relation exacte et complète de tout ce qui s'était passé chez moi.»

Cette lettre, messieurs, hier un des avocats de la partie civile en a parlé; il l'a donc vue; qu'il l'a montre, et l'on verra si je comprends dignement les devoirs de mon ministère. Mais celui qui l'a ainsi colportée, sans doute pour faire parade de quelques expressions flatteuses pour lui, qu'il sache bien que si je lui ai fait quelques politesses, j'en ai un regret mortel, que je les rétracte ici hautement, et que je voue au mépris public celui qui ne craint pas de livrer sa correspondance et de dévoiler les secrets qu'on lui confie (1).

Me Delzons termine sa discussion sur ce fait en faisant remarquer les contradictions étranges qui existent entre la lettre de M. M..... insérée dans *l'Echo du Cantal* et le système de défense adopté à l'audience par M. Bastid.

Sans s'appesantir sur les autres faits reprochés à M. Bastid, il rétablit les dépositions des témoins qui, *involontairement sans doute*, avaient été

(1) Cette partie de la réplique de Me Delzons prononcée avec chaleur et avec l'accent d'une conviction profonde, a produit sur l'auditoire un effet difficile à décrire, tous les yeux se portent sur M. Cerfberr, qui, placé en face de l'orateur, ne trouve rien de mieux à faire pour déguiser son embarras que de courber la tête.

altérées par les avocats de la partie civile, et se hâte d'arriver au chef plus important des concussions.

On nous a reproché de n'avoir pas attaqué le sieur Gaillard au lieu de nous adresser à M. Bastid. On ne fait pas attention que le secrétaire n'est pas fonctionnaire, et que nous n'aurions pas été admis à faire preuve des faits avancés par nous : avec la certitude que les concussions existaient, nous n'aurions pu les prouver. Nous avons bien examiné ce que nous avons fait : il n'y avait pas d'autre voie à suivre pour faire cesser le mal.

Après avoir ajouté quelques argumens nouveaux pour justifier le système qu'il avait déjà développé de responsabilité morale et de complicité légale de la part de M. Bastid, l'avocat détruit une à une toutes les attaques que l'on avait dirigées contre les témoins importans, notamment contre M. le juge de paix dont on redoutait la déposition, et résumant toutes les preuves, il dit :

Comment, M. Bastid, vous venez nous dire qu'en installant votre secrétaire, vous lui avez recommandé de veiller sur lui ; que vous l'avez menacé de votre colère, s'il se permettait de rien recevoir en dehors de la loi ; et lorsque M. le juge de paix vous prévient que les concussions continuent, vous ne prenez aucune mesure, vous ne faites pas éclater cette colère dont vous avez menacé le sieur Gaillard ; vous restez impassible et inactif !

Lorsque devant vous, le sieur Parlanges, qui a payé 5 francs pour la rédaction de son acte de mariage, demande au secrétaire : combien vous dois-je ? Vous entendez le secrétaire répondre, « nous arrangerons cette » affaire entre nous, » et vous ne dites rien, vous ne prévenez pas cet homme qu'il n'a rien à payer ; la concussion est là qui se montre hideuse, et vous ne la repoussez pas !

Lorsque le sieur Raynal qui a payé aussi 5 fr. pour son mariage, vient en outre se plaindre à vous qu'on eût exigé de lui 6 fr. pour droits de recherche d'un acte de naissance, vous répondez froidement : « c'était dû ! »

Lorsque la rumeur publique qui, selon la belle expression de M. le président, a été transportée à la Cour d'assises, vient tous les jours, à chaque instant vous dire : il se commet à votre mairie des concussions épouvantables, vous ne répondez pas, vous ne sondez pas l'abîme, vous restez encore impassible et froid !

Lorsque M. Dupouy, votre ami sans doute, car vous l'avez appelé pour établir la moralité de votre administration, vous dit : Ce Gaillard que vous me présentez pour distributeur de lettres, il est accusé de concussion, vous ne rougissez pas de répondre comme déjà vous aviez répondu au témoin Verniols : « Que voulez-vous ? c'est un pauvre diable, il a des besoins ! »

Accordez donc vos paroles avec vos actions. Ici, il n'est pas besoin de beaucoup de logique, car les faits parlent.

Maire de la commune, vous deviez veiller aux intérêts de tous ; vous deviez veiller surtout aux intérêts de ceux que la misère dévore, qui n'ont et ne peuvent avoir aucune connaissance de leurs droits ; et vous permettez qu'un homme qui est à vos ordres, les exploite, les vole ! D'un mot, vous pouvez le chasser, et malgré des plaintes nombreuses, vous le gardez ! D'un mot, vous pouvez tarir la source de la concussion, et vous la laissez continuer !

Tous ces faits, je vous le dis, établissent votre complicité. Oui, le Pa-

triote a eu le droit , que dis-je, il a eu raison de dire que vous êtes un maire concussionnaire. »

Les avocats de la partie civile ayant voulu jeter quelque défaveur sur le caractère de M. Guibert, Me Delzons avait annoncé qu'à son tour il ferait connaître quelques actes de la vie de M. Bastid. Avant de terminer sa réplique il dit :

Il faut en venir à cette fastidieuse discussion qu'il n'a pas tenu à moi d'éviter ; à mon tour donc je vais vous parler de Bastid : il faut que je vous fasse connaître ce qu'il sait faire en fait de diffamation... (mouvement d'opposition au banc des prévenus). Mais non, je m'arrête, on me le conseille. Grâces soient rendues à la générosité des prévenus qui me dispensent de ce pénible devoir ! » (1)

Messieurs, avant de rendre votre verdict , rappelez-vous ce que Trélat vous a dit, rappelez-vous que si c'est un malheur pour un prévenu de subir une condamnation imméritée, c'est un plus grand malheur encore pour un juge de condamner un innocent. »

M. TRÉLAT se lève à son tour :

Messieurs, après trois grands jours de débats, auxquels vous avez prêté une attention si religieuse , j'éprouve et nous éprouvons tous le besoin d'en abréger la durée. J'ai peu de chose à vous dire après la défense complète de Me Delzons.

Au ministère public je répondrai que nous aurions voulu plus de franchise et moins de ces accusations détournées , de ces insinuations contre le caractère des prévenus au milieu d'éloges qui les combattent, en sorte que notre adversaire pourrait nous dire qu'il ne nous a donné que des témoignages d'estime si nous relevions ses attaques, et aussi bien rappeler à ceux qui le blâmeraient de nous avoir loués , les complimens peu flatteurs qu'il nous a faits....

M. *le substitut.* Je proteste ici , quelqu'interprétation qu'on ait voulu donner à mes paroles , que je n'ai eu l'intention d'offenser personne , qu'il est bien loin de moi d'avoir voulu penser ou dire le moindre mal des prévenus.

M. *Trélat.* Nous sommes heureux d'entendre cette déclaration. Il y a peu de temps que je connais mon co-accusé. Plus j'ai déjà contracté pour lui d'estime et d'affection, plus je me sentais blessé des pensées peu intelligibles, des demi-mots qu'on avait semblé diriger contre lui. Ainsi il est bien entendu, que nous nous étions trompés, il est bien clair qu'il ne reste rien, et qu'il ne doit rien rester de l'interprétation sans doute erronée qu'on aurait pu donner aux paroles de nos adversaires. Je répondrai à M. l'avocat :

Vous nous reprochez d'avoir long-temps attendu avant de livrer à la publicité les faits qui ont amené ce procès. — Nous ne voulions accuser qu'avec certitude, nous réunissions nos preuves, nous les avons fournies. — Nous avons agi, dit-on, par haine pour M. Bastid. — Qui vous l'a dit : vous voyez de la rivalité partout, car vous accusez aussi de rivalité

_____

(1) Au moment où M. Delzons a été arrêté par les prévenus , il se disposait à donner lecture d'un écrit anonyme, tout entier de la main de M. Bastid, qui contient contre M. Guibert les imputations les plus absurdes, mais les plus odieuses et que M. Bastid avait fait colporter dans St-Cernin, après qu'eût paru l'art. du 15 novembre.

M. Marty, juge de paix. — Mais nous avons déclaré que nous déposerions la plume dès que M. Bastid aurait donné sa démission. — Oui, parce que nous avions acquis la preuve que M. Bastid, depuis long-temps averti des concussions, était la seule cause de leur continuation.

Votre devoir, me dit-on à moi, rédacteur du *Patriote*, était de prendre vos informations avant d'insérer les articles. — Eh bien ! je me suis informé. — Près de qui ? — près de mes correspondans, près de ceux qui avaient et qui ont toute ma confiance. — Je ne counaissais pas M. Guibert quand il m'a écrit, mais quand mes amis intimes, quand mes frères en foi politique m'ont répondu : « Vous pouvez avoir la même confiance en Guibert qu'en nous, les faits qu'il vous signale sontvrais, nous en répondons, » alors j'ai été de l'avant, et voilà ce que j'ai appelé *de bonnes et valables signatures* apposées au-dessous de celle de M. Guibert. Depuis ce temps M. Guibert a toute ma confiance, et ce procès m'a prouvé que mes amis ne s'étaient pas trompés dans l'opinion qu'ils avaient de lui.

Messieurs, une chose qui a produit chez nous une grande surprise, et en même temps une vive douleur, c'est l'âcreté avec laquelle on s'est permis d'attaquer la moralité de nos témoins. Nous, nous n'avons rien dit quand nous avons vu notre adversaire, ses deux avocats et son frère placés immédiatement à côté du jury, absolument en face et tout près des témoins au moment où ils déposent.

Me *Dessauret*. Monsieur, les avocats n'influencent point les témoins. M. *Trélat*. Monsieur, je n'ai pas dit cela : j'ai dit que la partie civile et ses avocats étaient directement en face et tout près des témoins, bien que plus tard les avocats soient venus se placer, pour plaider, ici à côté de nous, vis-à-vis du siège qu'ils occupaient auparavant. Or, quand des témoins ont à déposer contre un maire, est-il sans danger qu'ils se trouvent face à face avec lui ? — Nous n'avons rien dit, pourtant ; si nous eussions réclamé, M. le président aurait fait droit sans doute à nos réclamations, mais la défiance n'est pas entrée dans notre cœur. Nous n'avons rien dit, et nous n'en éprouvons aucun regret : les témoins ont déposé avec sincérité, avec courage. Nous ne nous sommes pas permis à l'égard des vôtres ce que vous vous permettez envers les nôtres. Nous avons accepté la sincérité de leurs dépositions, nous nous sommes armés d'un certain nombre d'entre elle en en respectant l'esprit et la lettre. — Le ministère public s'est montré moins partial que vous : il a dit que des témoins honorables avaient été entendus de part et d'autre.

Nous n'userons pas assurément de représailles, mais nous nous permettrons quelques rapides observations. — Voyons vos témoins : vous avez « cité, dites-vous, tout ce qu'il y a de plus honorable dans la commune pour répondre à nos imputations. » — D'où vient donc qu'un si grand nombre de ceux que vous avez appelés sont au contraire étrangers à la commune, et conséquemment peu en état de fournir des renseignemens exacts ? — Voyons, voyons :

Gaillard, secrétaire de la mairie. — Il est venu vous parler de sa délicatesse : il a invoqué un témoignage, et ce témoignage est celui d'un homme mort. Tout le monde, dans cette enceinte, sait à quoi s'en tenir sur la valeur des paroles du sieur Gaillard, ne trouverait-il que des morts pour témoigner en sa faveur.

Crézensac. M. le maire de St-Cernin lui a dit qu'il serait toujours *l'ami du peuple*. — Avant le procès on ne parlait pas beaucoup des concussions. — On en parlait donc ?

Lapeyre. Il habite Toulouse depuis 20 ans. Il ne vient passer chaque année que deux mois à St-Cernin. Peut-il être au fait de ce qui s'y fait?

Pierre Lacoste. On ne lui a jamais rien pris, *à lui.*

Pierre Ronzières répond oui à toutes les questions, quelles qu'elles soient.

Gaillard a entendu dire qu'on percevait dix sous par chaque passeport. Avant le procès, lui dit M. le président?—Il hésite. — Vous devez toute la vérité. — Eh bien ! oui, avant le procès avant qu'il en fût question, il y a deux ans.

Reyt ne s'est aperçu d'aucune rivalité.

Latournerie n'a jamais pris de passeports ni actes quelconques.

Coste a entendu parler des dix sous par chaque passeport, il y a deux, trois mois et même un an.

Noël Bariol. Ce témoin a été domestique de M. Bastid.

Boufflange. «Pour quant à M Bastid, je n'ai rien à lui reprocher, dit ce témoin, vu que je ne l'ai jamais employé en rien ni pour rien.»— Avez-vous entendu parler de perceptions? — Oui, il y a un an et même plus.

Jean Decorps a vu donner 8 sous pour un passeport.

Vannel fils. Il y a un fait assez précieux dans cette déposition. — Avant hier lorsque la partie civile a demandé à Escudier s'il ne faisait pas des expéditions pour M. Guibert, celui-ci a répondu qu'il en avait fait 8 ou 10. — Cela dépend du nombre des actes de l'étude s'est-on écrié alors en riant. — Eh bien ! messieurs, il est résulté de la déposition de M. Vannel fils, que l'année dernière il n'y avait eu qu'une différence de dix dans le nombre des actes des deux études. Il n'y a pas là sujet d'envie. Nous ne croyons plus à cette rivalité dont vous faites tant de bruit.

François Vannel. C'est cet ancien militaire qui s'est fait apporter ici. Il nous a parlé d'un acte de haute vertu de M. Bastid. Vous savez que cet acte de haute vertu s'est réduit à l'accomplissement d'un devoir de la part du maire, c'est-à-dire le soin qu'il a donné à la répartition de l'impôt.

Antoine Bonhomme n'a jamais pris de pièces.

Elisabeth Lachazet croyait les perceptions dues, et a toujours payé les déclarations qu'elle a faites.

Maisonnobe habite St-Illide et non St-Cernin.

Antoine Lagarde habite St-Illide. Il dit s'être toujours adressé au maire quand il a fait des déclarations. Or, il est de notoriété publique, que M. Bastid ne s'occupe jamais de ces sortes de choses.

Rossignol est le garde-champêtre de St-Illide. « Le père Bastid était » un brave homme et le fils l'est aussi. Le fils est un brave homme et » le père aussi.» Il ne sort pas de là.

Carle, François Carle et Darnis, habitent tous les trois St-Illide. Ce dernier a entendu dire que le maire profitait de sa place dans l'intérêt de son étude.

Ni *Lizet,* ni *Lespinas,* ni un troisième *Gaillard* n'habitent St-Cernin.

Pierre Prévost n'y réside que deux mois par an. Il n'a jamais pris de passeport.

Baptiste Freyssou est parent du secrétaire de la mairie, Gaillard. Il cite un fait de tentative d'influence sur un témoin, mais quand on lui dit de s'expliquer, il désigne son beau-frère, mais il ne sait plus trouver son nom. Un témoin est obligé de le lui souffler.

Fragniat est le tambour de la garde nationale de St-Cernin. — Il a *offri* de l'argent qu'on a refusé par honnêteté. — S'il a *offri* il croyait donc qu'il en était dû.

Enfin, *l'inspecteur des postes d'Aurillac* a averti M. Bastid, il y a deux ans, des concussions du sieur Gaillard, et M. Bastid lui a répondu : « Gaillard est un pauvre diable, il a des besoins. »

Voilà, messieurs, ces témoignages dont on se prévaut tant, et dont nous nous emparons avec plus d'avantage. Nous ne suspectons pas, nous, la moralité de nos témoins, nous prenons leurs dires pour constans. Ils nous sont aussi utiles que les vôtres, tant la vérité jaillit de toutes parts dans cette cause.

A vous, messieurs les jurés, de voir maintenant si, « nous avons » agi avec malice, avec méchanceté calculée, si nous devons être mar- » qués du sceau de l'infamie qui s'attache à des calomniateurs. »

Nous n'avons pas cherché, nous, à vous étourdir par les accens d'une voix retentissante et d'un langage passionné. Nous ne pouvons croire que près de vous, ce soient ceux qui crient le plus haut qui doivent avoir plutôt raison. Dans ce cas nous nous confesserions vaincus, nous chétifs, nous deux qui n'avons que de médiocres poumons, par les robustes moyens oratoires de nos adversaires. Mais nous pensons qu'on s'enivre soi-même quelquefois par de pareils éclats de voix, malgré beaucoup d'habileté, malgré beaucoup d'esprit, malgré un talent émi- nent. La vérité n'a pas besoin de tant d'appareil et d'un grand luxe de déclamation. — Nous n'avons pas cherché à égarer votre raison par une exaltation factice, nous en appelons au contraire à votre seule rai- son ; nous n'avons pas cherché à remuer votre âme, mais à mettre la nôtre en contact avec elle, parce que nous sommes convaincus que c'est la paix de l'âme et la paix du cœur qui font les bons jugemens.

Messieurs, voici toute l'affaire. Il y a eu extorsion et concussion à la mairie de St-Cernin. C'était un acte de bon citoyen que de révéler le mal et de le faire cesser. C'était un acte de bon citoyen, car MM. Marty, juge de paix, Depouy, inspecteur des postes, Verniol commis-greffier à la justice de paix, et les autres réclamans avaient fait acte de bons citoyens en révélant les fai s.

Cela n'a pas suffi. C'est alors que nous avons fait plus. On avait parlé, nous avons crié. On reconnaît que nous avons fait chose utile en empê- chant les abus : nous les avons empêchés. — Et pourtant on demande notre condamnation.

Il y a eu concussion, c'est une chose hors de doute. Nous ne disons pas (cela ne nous regarde point), que M. Bastid ait appliqué l'argent des concussions à ses dépenses personnelles, mais nous disons qu'il y a eu concussion. La concussion est toute perception illégale quand même on en rendrait compte.

Ce n'est pas par nous, ce n'est pas sous notre administration que l'ex- torsion et les concussions ont été commises. C'est sous l'administration de M. Bastid. Eh bien ! s'il s'est refusé à l'évidence des faits, s'il a voulu absolument garder le concussionnaire, si la complicité de la concussion est le fait de sa volonté, qu'il subisse la peine de sa faute : cette peine ne sera pas bien rude.

Si votre verdict est un acquittement, M. Bastid n'en sera ni moins riche, ni moins notaire, ni moins libre.

Mais que nous soyons condamnés, nous qui avons mis fin à des exactions que n'avaient pu faire cesser les réclamations réitérées des divers habitans, ne serait-ce pas là une grande injustice, messieurs?

Et qui nous dit qu'alors les concussions que savait depuis long-temps M. le maire, que savait M. le préfet, ne recommenceraient pas?

Voici toute notre cause dans le dilemme suivant: Si nous sommes acquittés M. Bastid ne sera pas condamné pour cela. — Si nous sommes condamnés, cela fera-t-il qu'il n'y ait pas eu de concussions? Et ne pourra-t-on pas dire que vous les aurez approuvées.

Messieurs, d'où qu'elle vienne, censurez, flétrissez l'extorsion et la concussion.

Je ne puis mieux terminer qu'en vous rappelant un aveu échappé à l'un de nos adversaires, à Me Dessauret. « Qui sait, a-t-il dit, si notre voix » n'est pas la seule réparation de l'honneur de M. Bastid? »

Quand on a fait entendre ces paroles on s'est rendu justice, on a deviné votre verdict, on a bien pensé qu'il vous était impossible de prononcer notre condamnation quand vous êtes, de toutes parts, saisis par l'évidence des faits.

Jurés, n'oubliez pas, en entrant dans la salle des délibérations, les devoirs du juge ainsi tracés par Montesquieu:

« Les juges, dans quelque circonstance, et pour quelque grand inté-
» rêt que ce puisse être, ne doivent jamais être que juges, sans parti et
» sans passion, comme les lois qui absolvent et punissent sans aimer ni
» haïr. »

M. le président prononce la clôture des débats, et commence ainsi son résumé à cinq heures:

Messieurs les jurés,

La liberté de la presse a eu des vicissitudes et des fortunes bien diverses Tantôt, comme une bête féroce, on la muselle et on l'enchaîne: ou comme une empoisonneuse, ou une incendiaire, on la brûle en place publique par la main du bourreau. Tantôt, comme l'institutrice et la bienfaitrice du genre humain, on lui dresse des autels, on l'adore et on l'encense.

Malédictions et hommages, tout s'explique pourtant: qu'est-ce que la liberté de la presse? c'est l'homme exprimant librement sa pensée par un nouvel organe.

Sa langue est le premier instrument que le créateur lui ait donné pour exprimer sa pensée. Lui, par l'inspiration ou la patience de son génie, qu'il tient aussi de Dieu, il s'est créé de nouveaux instrumens pour sa pensée. Il a trouvé d'abord l'écriture pour transmettre sa pensée à son ami; il a trouvé ensuite l'imprimerie pour transmettre sa pensée au monde entier.

La parole suffirait à la famille; l'écriture pourrait suffire à une agglomération de familles, à la tribu; mais la presse est nécessaire à l'agglomération des peuples, à l'humanité tout entière.

Quoi qu'il en soit, l'homme se sert de ces trois instrumens pour manifester sa pensée, mais les pensées de l'homme, par cela même qu'elles sont le produit de son âme intelligente et libre mais imparfaite, sont des pensées d'ordre ou de désordre, des pensées de lumière ou de ténèbres, des pensées sympathiques ou antipathiques à d'autres hommes, des pensées

·d'amour ou des pensées de haine, des pensées de vertu ou des pensées, de crime.

Dans le premier cas, on aime, on exalte la liberté de la presse ; dans le second cas on la déteste, on la méprise.

Ceux qui ne sont frappés que du mal causé par elle, voudraient l'anéantir ; ils voudraient s'en prenant à l'instrument, arracher à l'homme sa langue, briser sa plume, briser ses presses. Messieurs, ne mutilons pas l'homme, car, tel qu'il est, c'est encore le chef-d'œuvre de la création divine.

A tout prendre, et en pesant, dans de justes balances, le bien et le mal produits par cette liberté, qui n'est autre chose, je le répète, que l'homme se manifestant à l'homme, je n'hésite pas à penser que la presse est encore pour les sociétés humaines, un instrument beaucoup plus de protection que de dommage, un instrument beaucoup plus de civilisation que de barbarie. Je sais bien qu'avec cette liberté extrême, je m'expose à voir l'humanité humiliée jusqu'à Marrat ; mais ce n'est que par elle aussi que je puis espérer voir l'humanité élevée jusqu'à Fénélon.

Si la nature de l'homme, si l'avantage de la société réclament la liberté de la presse, la nature représentative de notre gouvernement actuel, qui n'est lui-même qu'une nécessité de l'état actuel de notre civilisation, la reclame aussi comme son principe. Ce gouvernement tout de discussion, de contrôle et de publicité, serait sans âme, sans puissance et sans vie, si les citoyens n'avaient pas cette liberté toute entière.

J'ai dit que la presse en des mains malhabiles ou mal intentionnées, pouvait devenir un pouvoir b'essant pour la société ; mais elle n'est pas exposée, sans défense, à ses atteintes. Elle s'est fait des lois pour les réprimer et pour en prévenir le retour par cette répression. Elle s'est donné des magistrats pour invoquer ces lois ; elle appelle ses meilleurs citoyens, vous messieurs, pour faire de ces lois la plus judicieuse, la plus consciencieuse application. C'est une mission de ce genre que la société vous appelle à remplir aujourd'hui. J'ai cru devoir faire précéder l'exposé que je vous dois, par l'expression de ces idées, dont vous voudriez bien me pardonner l'importunité, si je m'étais trompé en pensant qu'elles dominaient la cause.

Après ces considérations que nous avons recueillies aussi fidèlement qu'il nous a été possible de le faire, M. le président retrace le souvenir des débats, établit la définition de la diffamation, le droit des citoyens de rechercher la conduite des fonctionnaires ; il rappelle les allégations qui prouveraient qu'il y a eu diffamation, celles qui tendent à prouver qu'il n'y a eu que l'accomplissement d'un devoir, que l'exercice d'un droit. — Il expose ce qu'on a dit de la rivalité qui aurait produit tous les faits du procès. Il recherche si, en admettant même la présence d'un ennemi près d'un fonctionnaire, cet ennemi n'a pas le droit de répandre ce qu'il y a de répréhensible en lui ; si ce n'est pas tant pis pour ce fonctionnaire, s'il donne prise par ses actes à la passion de son ennemi ; — si dix sous pris dans la petite bourse du pauvre ne sont pas une somme aussi forte que dix mille francs dans la grosse bourse du riche ; si la position de M. Bastid à la tête de la municipalité de sa commune et au conseil général de son département, si l'usage ancien des concussions ne sont par des circonstances atténuantes et ne font pas disparaître la culpabilité ; si d'un autre côté la fréquence de ces concussions et les avertissemens donnés au maire de St-Cernin ne sont pas une circonstance aggravante. — Vous verrez, messieurs, dit M. le président, si vous devez écrire sur le front de M. Bastid l'épithète de *vil concussionnaire* ou sur le front des prévenus celle de *vils calomniateurs*. (1)

Après avoir terminé son résumé, M. le président donne lecture à MM. les jurés de deux questions conçues à peu près en ces termes :

1re Question.

En insérant dans le journal *le Patriote* trois article relatifs à la mairie de St-Cernin,

M. Trélat est-il coupable d'avoir imputé à M. Bastid maire de St-Cernin à l'occasion de ses fonctions, des faits portant atteinte à son honneur et à sa considération, lesquels faits ne seraient pas prouvés, et seraient par conséquent diffamatoires ;

2e question.

M. Guibert est-il coupable comme complice. (Le surplus comme dans la première).

Aussitôt M. le substitut du procurer du roi se lève, et demande qu'il soit posé autant de questions qu'il y a de faits imputés à M. Bastid dans les articles incriminés.

Un ami de M. Bastid s'avance près des avocats de celui-ci et leur dit : que fait-on là? Il suffirait que les prévenus fussent déclarés innocens sur un point pour que M. Bastid fût déshonoré. — « Nous savons où en » sont les choses, lui répond-on, et ce qu'on fait là, et tout ce qu'on puisse » tenter encore. »

Me *Delzons* fait observer qu'une pareille division est aussi injuste qu'absurde; que les imputations dirigés contre M. Bastid résultent d'un ensemble de faits insérés dans les mêmes articles, et conséquemment inséparables; qu'avec un pareil système, un homme convaincu des p'us grands crimes pourrait faire condamner celui qui en mettant ses forfaits au grand jour, lui aurait au même temps reproché une peccadille dont il n'aurait pas fait preuve suffisante.

Me *Dessauret* se joint au ministère public pour demander la division des questions.

Me *Delzons* combat les raisonnemens de Me Dessauret, il ajoute quelques considérations nouvelles à celles qu'il avait déjà présentées, et termine en citant un précédent, le procès des fusils Gisquet, dans lequel une seule question fut posée pour chaque prévenu bien qu'il eût 40 numéros du journal incriminés, et autant de faits cités.

La Cour se retire dans la chambre des délibérations; elle y reste une demi-heure. M. le président prononce un arrêt qui ordonne que les questions seront posées telles qu'elles résultent du réquisitoire de M. le procureur du roi.

M. *Trélat*. Le jury est tout puissant. Il jugera en son âme et conscience.

Voici les questions telles que nous avons pu les recueillir :

Première question. M. Trélat s'est-il rendu coupable de diffamation et d'outrages envers le sieur Bastid maire de St-Cernin., en lui imputant d'avoir extorqué de l'argent d'un employé, et en le menaçant de provoquer sa destitution.

(1) Pendant le résumé de M. le président M. Dessauret lui a fait passer une note écrite au crayon que les deux juges ont lue mais dont M. le président a refusé de prendre communication.

M. Guibert, en envoyant les articles incriminés, en s'en déclarant l'auteur, s'est-il rendu coupable comme complice?

Seconde question. M. Trélat s'est-il rendu coupable envers M. Bastid, en lui imputant d'avoir abusé de son autorité de maire?

M. Guibert s'est-il rendu coupable comme complice?

Troisième question. M. Trélat s'est-il rendu coupable en imputant à M. Bastid de s'être rendu coupable de concussion en exigeant et recevant de l'argent pour la confection des passe-ports, et la rédaction et expédition des actes de l'état civil, lesquels faits ne seraient pas prouvés et seraient par conséquent calomnieux?

M. Guibert s'est-il rendu coupable comme complice?

Les jurés entrent dans la salle de leurs délibérations à sept heures, et n'en sortent qu'à dix heures et demie.

Pendant tout ce long espace de temps la foule est immense dans la salle, et personne ne sort: toutes les dames restent à leur tribune. Des conversations animées s'établissent sur la position des questions et sur la décision vivement attendue qu'elles vont recevoir.

A la rentrée du jury, les prévenus quittent l'audience.

Le chef du jury, la main sur la poitrine, lit la déclaration suivante:

Sur la première question (EXTORSION), non M. Trélat n'est pas coupable.

Sur la seconde question (ABUS DU POUVOIR), oui, M. Trélat est coupable.

Sur la troisième question (CONCUSSION), non, M. Trélat n'est pas coupable.

Relativement à M. Guibert, les réponses sont les mêmes.

Sur l'une des questions, MM. les jurés ayant fait connnaître le nombre des voix, retournent dans leur salle pour refaire leur déclaration.

Les prévenus étant rentrés dans l'audience, le greffier leur donne connaissance de la déclaration.

Le ministère public se lève, et requiert contre les prévenus 15 jours d'emprisonnement et 500 fr. d'amende, conformément aux dispositions des art. 13 et 16 de la loi du 11 mai 1819, de l'art. 5 de la loi du 25 mars 1822, et de l'art. 11 de la loi de 1828.

Me Delzons se lève pour répondre, et s'adressant à la Cour d'une voix émue.

Messieurs, dit-il, il ne m'est plus permis de discuter sur la vérité des faits que les prévenus ont reprochés à M. Bastid, mais il m'est encore permis d'établir que Trélat et Guibert ne sont pas des diffamateurs.

Les questions résolues par MM. les jurés ont limité notre champ de bataille; c'est dans le cercle qu'elles ont tracé que nous devons nous renfermer. Les prévenus ont imputé à M. Bastid deux faits seulement: 1º Extorsion d'une somme de 40 fr. par menace de destitution; 2º Concussion, complicité légale de concussion résultant d'une tolérance coupable, d'après les articles du journal, et d'une perception criminelle de droits indus, d'après l'arrêt de la Cour. Sur ces deux faits, dont tous ici nous sentons la gravité, le jury vient de prononcer: *non, les accusés ne sont pas coupables!* Je laisse à chacun le soin d'en tirer la conséquence.

La 3e accusation dirigée par les prévenus contre M. Bastid, ne contient l'imputation d'aucun fait; elle ne précise rien; il s'agit d'un simple abus d'autorité.

L'avocat commente ici les dispositions des articles 13 et 16 de la loi de

9

1819, invoquée par le ministère-public, et prouve qu'ils ne sont nullement applicables.

Non, dit-il, nous ne sommes pas des calomniateurs comme on l'a répété à satiété; non, nous ne sommes pas des diffamateurs. Tous les faits imputés à M. Bastid sont vrais, reconnus vrais par le verdict du jury ! M. Bastid ne peut nous reprocher qu'une injure.... Eh! Messieurs, par le temps où nous vivons, accuser une autorité d'avoir abusé de ses fonctions, c'est une accusation bien bénigne !—N'est-ce pas ce qu'on adresse tous les jours plus haut qu'à M. Bastid ? N'est-ce pas ce qu'on dit sans cesse au roi et à ses ministres?

On a voulu jeter à M. Bastid *une fiche de consolation*, qu'il la relève, qu'il la ramasse, nous ne la disputerons pas.

On demande que nous soyons condamné aux frais. Mais ce serait une grande injustice, car nous n'avons échoué que sur un seul point et le plus minime de tous. Messieurs, je me rappelle que dans une affaire célèbre d'arbitrage, dans laquelle figurait comme conseil un ministre actuel, l'une des parties eut à sa charge un deux cent quatre-vingtième des frais. Ce serait bien ici le cas, si tous les frais n'étaient mis à la charge de M. Bastid, d'en faire une répartition. Or, si l'on examine les questions suivant leur nombre seulement, M. Bastid devrait être condamné aux deux tiers, puisqu'il est vaincu sur deux questions sur trois. Mais si on les considère sous le rapport de leur importance, c'est bien autre chose, car qu'est-ce qu'un reproche d'abus de pouvoir, qu'est-ce qu'une simple injure qui reste à notre charge, en comparaison d'une accusation d'extorsion et de concussion sur laquelle nous avons victoire complète ?—Il me semble que ni le ministère public, ni la partie civile n'ont rien à objecter à ce que je viens de dire.

(Le ministère public déclare qu'il n'a rien à ajouter, et que cela regarde la partie civile. Les avocats de M. Bastid gardent le silence.)

Me Delzons continuant et s'adressant au ministère public :

» Une chose me serre le cœur; vous réclamez contre les prévenus 15 jours de prison, l'ai-je bien entendu, pour avoir dit d'un homme qui a extorqué 40 francs par menace de destitution, qu'il avait abusé de son autorité!... 15 jours de prison, pour avoir dit d'un homme qui a concussionné, qu'il avait abusé de son autorité ! C'est bien, Monsieur le substitut du procureur du roi, poursuivez jusqu'au bout votre ministère de rigueur !

(A la Cour.) Messieurs les jurés ont fait la part de chacun, c'est à votre tour de la faire. Je recommande les prévenus à votre justice. »

Ces paroles de Me Delzons, prononcées avec une vive émotion au milieu d'un auditoire anxieux et des lumières mourantes, ont produit un effet impossible à rendre. Tout ce compte-rendu est froid à côté de la chaleur de cette longue audience.

La Cour, après une demi-heure de délibération, reprend séance à onze heures et demie, et faisant application, non pas des articles 13 et 16 de la loi de 1819, ni de l'article 5 de la loi de 1822, relatifs à la *diffamation*, et invoquée par le ministère public, mais de l'article 23 de la loi du 17 mai 1819 relatif à l'INJURE, ainsi conçu : « L'injure envers tout » dépositaire ou agent de l'autorité publique sera punie d'un emprison » nement de 5 jours à un an, et d'une amende de 25 fr. à 2000, ou de l'une » de ces deux peines seulement, selon les circonstances. »

Condamne M. Trélat à cinquante francs d'amende, et M. Guibert à la même amende, à cinq jours de prison et aux frais.

RÉSULTAT ET MORALITÉ DE TOUT LE PROCÈS.

Il a été reconnu que MM. Trélat et Guibert avaient dit vrai en accusant M. Bastid d'extorsion et de concussion. Le jury les a absous sur ces deux chefs. Mais ils ont été condamnés pour injure, parce qu'ils avaient reproché à M. Bastid d'avoir abusé de son pouvoir. Indépendamment des autres faits, est-ce que l'extorsion et la concussion ne constituent pas un abus de pouvoir, et le plus flagrant et le plus criminel de tous ?

Il est évident qu'en répondant OUI sur la question insignifiante d'abus de pouvoir que le ministère public avait fait poser, pour sauver au moins, sous le rapport des frais, M. Bastid du naufrage où il périssait corps et âme, les jurés ne s'attendaient pas à causer cette plaie d'argent à l'un des prévenus.

MM. Guibert et Trélat s'applaudissent de leurs œuvres. L'extorsion et la concussion ont été flétries par un arrêt de Cour d'assises, et il faut espérer qu'elles ne se reproduiront pas à la mairie de St-Cernin.

www.ingramcontent.com/pod-product-compliance
Lightning Source LLC
Chambersburg PA
CBHW070809210326
41520CB00011B/1877